圖解十小咒

下載諸佛菩薩的智慧與慈悲

張宏實 著

作者序／千年來最重要的十個咒語

經文是思維文字語言而體悟的智慧，如《金剛經》、《藥師經》、《佛說阿彌陀經》，真言咒語則是透過音韻振動，連結佛、菩薩等神聖意識體的宇宙智慧，如《大悲咒》、《楞嚴咒》，與本書的十小咒，兩者同樣重要。如果更簡單說，經是人類能理解的文字語言，而咒語是佛菩薩的語彙。本書的核心落在佛菩薩的咒語，是精選千年來最重要的十個咒語，可以下載諸佛菩薩的智慧與慈悲。

咒語是利用神聖的聲音、音節或充滿能量的文字，進行禪修的工具。不僅佛教世界，在許多宗教文明中，咒語都被用來進行心靈修練，同時也用來呼喚宇宙的智慧力量。更精準的說，咒語就是一種包含強大力量的神聖語言或詞語。它們能夠掌握和凝聚宇宙中的所有精華和真理，並且擁有無比的力量。在佛教，咒語是真實且有效的語言，能夠召喚和指揮這種神聖的力量，稱為「總持」（dharani），指的是能夠「總攝一切、牢牢保持」的意思。具體來說，「總」代表總攝、包含一切，「持」代表保持、不忘失。此外，它們也被稱為「真言」（mantra），意思是宇宙中最真實的語言。佛教的十小咒是十個精選咒語，這些咒語的威力來自於所屬的神聖意識體，包含佛陀、菩薩與天女。祂們能夠統領並指引所有的神聖力量，幫助念誦者達成心願或修行目標。完整十小咒的形成是經過一段漫長的歷史過程，由不同時期的僧人從各種佛教經典中摘錄和彙編而成，反映了漢傳佛教中對多位佛菩薩的信仰，包括阿彌陀佛、藥師佛、觀世音菩薩、準提菩薩、吉祥天女等等。

十小咒並非每一個咒都能追查到正確年代，目前所知最古老的是第九咒《拔一切業障根本得生淨土神咒》，那是劉宋時期的僧侶求那跋陀羅

（Guṇabhadra, 394~468）所譯。至於，時期較晚的則是第五咒《聖無量壽決定光明王陀羅尼》，由宋代印度僧侶法賢（Dharmadeva）所譯，他的出生日期不詳，但卒於1001年。至於，完整的十個小咒結集，最早記載可以追溯到明朝的《嘉興藏》和《諸經日誦集要》。隨後，經過明代四大高僧之中的雲棲袾宏（1535~1615）與蕅益智旭（1599~1655）的推廣編輯，這些咒語進一步普及，最後被收錄到《禪門日誦》及民國時期的《佛門必備課誦本》。這些誦本在禪宗和淨土宗信眾中廣泛流傳，成為日常修持的重要內容。

這十個被精選的佛教咒語，由劉宋時期（西元四世紀）展開漢字音譯，直到北宋的咒語都是千年以上。不同年代的譯者對相同梵字的音譯並不一致，這是很合理的現象。不同朝代的漢字發音肯定一直在變化，而且也隨地域有所不同。最顯而易見的是每一個咒語的結尾祝福語，羅馬拼音是svaha，其意思是「吉祥成就」，代表持咒後的「吉祥」的境態，同時獲取智慧的「成就」。然而，在寺院早課十小咒的課誦本中，svaha譯成：❶莎訶（第1、6、7咒）、❷娑喝（第5咒）、❸娑嚩訶（第2、3咒）、❹娑婆訶（第4、8、9咒），第10咒則沒有翻譯。總共有四種翻譯，不同的譯法多少提供了咒語翻譯的年代線索。

還有常見的namo、namah，在十小咒中的譯法也很多，南無、曩謨、捺摩、南謨，也是四種譯法。其他重要梵字也有不同譯法，所以筆者直接採用梵語英譯來構成這本書的學習。本書一一還原梵語原始發音，讀者將會在這十小咒中學到相當重要且豐富的梵字。十小咒是漢傳佛教早課、晚課時一定念誦的咒語。本書細緻解釋佛教中重要的咒字，我們可

以這麼說，這些咒語是千年以來由佛教的文字記錄者、僧侶和心靈導師們流傳下來的神聖聲韻。結合這十個咒語的力量，可以幫助人們實現理想、豐富生命並改善人際關係。十小咒的能量多樣且豐富，不僅可以累積物質財富，還能在健康與工作、物質與心靈之間尋求平衡。更重要的是，這些咒語能夠幫助修行者獲得真實純粹的內在智慧與心靈快樂。

最後是小小的提醒，已經熟悉寺院早課、晚課漢音的讀者，可以透由本書的對照，充分學習梵文，了解咒語的意思。也請注意，有些漢音的斷字，歷經千年的傳抄，難免會有疏失。本書一一校訂目前寺院誦本的些微錯誤。例如，第7咒《觀音靈感真言》的「積特些納。微達哩葛」，其中的「納」屬於第二字。所以正確斷字是「積特些」（cittasya，思考）與「納微達哩葛」（na-vitarka，遠離尋伺）。

如果是不曾接觸寺院念誦的讀者，那麼請直接透由梵語英譯學習。剛開始不建議讀者要徹底了解每個咒字，只需約略理解其意即可。隨著一次次念誦，可讓咒音的頻率自然啟動咒字的領略。一旦熟悉念誦的節奏與音律之後，再來細膩體會每個咒字的意義，這樣比較能達到「心領神會」的持咒狀態。此外，現今網路發達，許多優秀的在家居士將十小咒的念誦放置於youtube平台，筆者推薦黃慧音居士與果濱居士。特別是黃慧音居士以新音樂的形式進行梵唱，擁有頗正確的梵語發音，也能達到心靈療癒的效果。

目次

作者序：千年來最重要的十個咒語

Part 1 持咒的祕密

第一章 不要輕忽咒語的力量 8
咒語「使命必達」的三種功能

第二章 咒語如何啟動內在力量 12
心識意念如此強大，足以讓事物成真
不用實體接觸，遠距能量傳導是真的！

第三章 如何持咒最有效？ 16
咒語需不需要翻譯？
從「有念」晉升到「無念」的狀態
口到心到，能夠正確的觀想才是王道

第四章 如何使用十小咒？ 20
第一組咒語：消災解厄保平安
第二組咒語：通往心靈的祕境
第三組咒語：禪修的加速器
終極學習：地球智慧與宇宙智慧的相融
- 持咒的方法
- 十小咒可以這麼用！

Part 2　十小咒一念，喜獲智慧與慈悲

【第1咒】**如意寶輪王陀羅尼** ……… 38
解脫束縛，圓滿願望

【第2咒】**消災吉祥神咒** ……… 58
解除一切災厄

【第3咒】**功德寶山神咒** ……… 74
結界，創造清淨空間

【第4咒】**準提神咒** ……… 86
連結宇宙的清淨力量

【第5咒】**聖無量壽決定光明王陀羅尼** ……… 100
獲得宇宙智慧的泉源

【第6咒】**藥師如來灌頂真言** ……… 116
療癒身心的宇宙聖藥

【第7咒】**觀音靈感真言** ……… 130
開展慈悲與智慧

【第8咒】**七佛滅罪真言** ……… 146
更改業力的密碼

【第9咒】**往生淨土神咒** ……… 160
獲得永恆、純淨的生命

【第10咒】**大吉祥天女咒** ……… 172
圓滿世間成就與心靈成就

PART 1
持咒的祕密

第一章／不要輕忽咒語的力量

幾乎所有的古文明都有咒語，咒語被視為人與佛菩薩、天神或是天使溝通的「密道」。透過這些神聖咒語可以下載宇宙智慧及力量，來療癒並超越生命所遭遇的種種困境與苦難。

生命難免會受苦，在成長的過程中經歷苦痛是必然的事。遭逢困境時，不外乎需要精神層面或是物質層面的救助。而當困境結束之後，或許會促使我們開始思考個人生命和宇宙之間的關係，有些印度古代的優秀智者，就是在這樣的狀態下走向自我探索之旅，釋迦牟尼就是最重要的一位。這些心靈智者們循著這探索之旅，發展出和宇宙力量接軌的種種「教導、技巧與方法」，印度梵語總稱為upaya，意思是「巧善方便」（skillful means），而其中流傳千年的巧善方便之一就是咒語。

咒語「使命必達」的三種功能

咒語在印度稱為mantra，是一種運用神聖聲音、音節或充滿能量文字來禪修的工具。許多文明的宗教也會透過咒語來進行個人的心靈修練，同時也用來呼喚宇宙的智慧力量。佛教中的「阿彌陀佛」（amitabha）就是重要的咒語，此能量強大的聲韻，流傳至今還成為中國佛教徒之間的「相互問候語」。本書將細膩地解釋佛教中重要的十個優秀咒語，它們是千年以來佛教的文字記錄者、僧侶、心靈導師，所流傳下來的神聖聲韻。結合這十個咒語的力量，可以實現理想、豐富生命、改變人際關係。十小咒的能量多樣且豐富，不只可以累積物質財富，同時在健康與工作、物質與心靈之間尋求平衡；最重要的是，還能從中獲取真實純粹的內在智慧與心靈快樂。依據十個咒語的不同功能，大致可分成三個類

別：1.消災解厄保平安；2.通往心靈的祕境；3.禪修的加速器。

1.消災解厄保平安——人類最基本的祈請

先來談談「消災解厄保平安」一類的咒語。這是人類最基本的祈請，例如十小咒中的〈如意寶輪王陀羅尼〉、〈準提神咒〉，還有祈求身體健康平安的〈藥師如來灌頂真言〉，它們都是能呼喚宇宙能量的強大咒語。這三個咒語著重於「心想事成」的能力、「心靈與物質成就」並重的祈求，最後是身體健康的祈願。雖然只是簡單與基礎的咒語功能，但力量依舊強大，像〈準提神咒〉還被視為「神咒之王，真言之母」。

2.通往心靈的祕境——個人祈請的升級版

這一類的咒語能夠協助人類「通往心靈的祕境」，是屬於另一個層面的咒語。此類咒語的重心是由「物質、肉體層面」轉換成內在「心靈智慧的獲取」。十小咒之一的〈聖無量壽決定光明王陀羅尼〉就是這類型的咒語，透過聲韻振動去呼喚宇宙無限量生命的智慧能量，該咒的智慧稱為「無量壽大智」，那是阿彌陀智慧的另一種表現形式。由這個咒語呼喚出自己本性（與生俱來）中的無限量生命，同時也讓個人心識融入宇宙自然運轉的大道。〈七佛滅罪真言〉、〈往生淨土神咒〉，同樣也是協助人類通往心靈祕境的咒語。「七佛」代表宇宙七個智慧能量，祂們未必是具備真實血肉身軀的佛陀，可用以清除意識的負面能量，淨化個人的深層意識，消除前世或今生罪業所帶來的負面能量。

至於〈往生淨土神咒〉，則是呼喚宇宙無限量光芒，尋求永生的甘露。

在甘露的護持之下，於宇宙虛空中勇敢前進，直到進入西方智慧的能量場域，也就是阿彌陀佛的神聖淨土。

3.禪修的加速器──宇宙力量的無限加持

第三種咒語的任務是禪修的加速器，這關鍵的加速能量來自於「慈悲」，它是一股連接宇宙萬物的力量。慈悲與智慧是佛教世界最重要的兩股能量，兩種力量的融合是最圓滿的境界。這類型的咒語以慈悲作為助力來加速個人的智慧成長。該咒的力量除了庇護個人之外，還能將智慧擴及到其他宇宙生命體的和平相處，以及地球環境的和諧。換句話說，咒語的祈福層面已經由「祝福自己」轉向「祝福他人」，還有愛護宇宙萬物所生存的天地。

〈消災吉祥神咒〉是其中的代表，透過咒語召請宇宙的光明能量來消除災害，讓世界轉入寂靜祥和的境態。〈功德寶山神咒〉的形式也類似，是在山河之間呼喚宇宙能量，去創造純淨的心靈空間，獲取宇宙的慈悲能量，完成盛多滿溢的成就。還有〈觀音靈感真言〉，其來源已不可考，此咒是在觀音慈悲能量的籠罩之下啟動追求覺醒的心，達到超越邏輯分析的心識。此三咒與慈悲能量的關係非常緊密。

十個咒語雖然有不同的專注功能，但基本上都包含了消災解厄保平安、通往心靈的祕境，以及禪修的加速器這三種功能。來到第十咒，也就是最後一咒〈大吉祥天女咒〉，它是上述三個功能的大融合，能圓滿物質事業（財富）與心靈意識的成就（心靈），同時呼喚宇宙的慈悲能量，最後也達到獲取智慧能量的機會，放在最後一咒自有其特殊意義。

這十個千年咒語的學習，等同於下載宇宙的十個能量，是許多優秀智者的慈悲與用心才得以傳承千年不輟。十個心靈與意識的學習，如同創造智慧能量的不同過程，每個咒語都呈現三個過程：「祈求」宇宙智慧能量、「相信」宇宙智慧能量，以及最後「接收到」宇宙智慧能量。

不論是生活的祈望、智慧的尋求或生命的要求，透過咒語的呼喚，你都能創造出「使命必達」的驚人力量。

第二章／咒語如何啟動內在力量？

究竟咒語是如何啟動內在力量的呢？從科學的角度——現代物理學理論「量子力學」來看，心識意念與咒語聲頻都是一種頻率振動，能產生巨大的能量，同時超越「此時此地」的遠距離傳導，連結宇宙無形無相的智慧能量。

西元1900年12月14日是人類物理科學發展史非常重要的一個日子，德國物理學家普朗克（Max Planck, 1858~1947）在一場物理學的學會會議中，將「能量」予以量子化數值，這一天代表量子力學正式誕生。十八年後，普朗克因為量子領域的研究獲得了諾貝爾獎。量子一詞來自拉丁語quantus，意為「有多少」，代表「相當數量的某事」。量子是一個不可分割的基本個體，例如「光的量子」是光的最小單位。

心識意念如此強大，足以讓事物成真

透過量子力學的發展，人們對物質的結構以及其交互作用的見解，產生革命化的改變，許多現象得以真正獲得解釋，而且能夠預言無法直覺想像的新現象，之所以如此，是因為這些現象可以藉由量子力學的方程式被精確地計算出來。

普朗克是量子理論的創始者，他發現了量子的存在，後繼者持續推展成「近代物理學」，由此開始超越「古典物理學」的種種局限。例如，你我幾乎天天使用的手機，就是由量子力學延伸而發展出來的科技產品。有關量子的科學新知識，影響世界的層面既深又廣，請逐字閱讀普朗克下面的一段經典文字，雖然他是物理科學家，但話語之中充滿了宗教

與哲學意涵，他說：「萬物因為力而得以興起與存在……我們必須假設在力的背後存在有意識、有智慧的心智，這個心智就是萬物的母體（matrix）。」

人類也是宇宙萬物的一份子，隨著大腦思想送出能量，其心智的能量即是生命的本質，也就是說，心識意念與咒語聲頻都能產生巨大的能量，都能與宇宙的智慧體接軌。在近代量子力學的「萬事萬物的運作法則」，或是中國古籍《道德經》萬物不離其宗的「道」，或是印度佛經《華嚴經》裡的「因陀羅網」，都說明了一個共通的真實存在——宇宙中有個無形無相的智慧能量。

那麼，要如何獲取這個宇宙的智慧能量呢？咒語，就是最重要的一個方式，理由我們可從下文中探討得知。

佛教世界認為宇宙天地擁有慈悲的能量，也擁有智慧的能量；而人類心靈的深層意識有善的一面，也有惡的一面。引發心中的善美，就如同跟天使做朋友；誘導心中的邪惡，等同於跟魔鬼打交道。宇宙也是如此，有正面智慧能力的匯聚，也存在著負面的破壞力量。人類身處在這個宇宙之中，不可避免地要跟宇宙相互運作。

讓我們繼續以科學的角度來看待能量，愛因斯坦的相對論認為「宇宙的一切都是由能量構成」，而由頻率振動概念所發展出來的量子力學，則認為「宇宙的一切都在振動，萬事萬物各有其頻率」。請留意「萬事萬物」一詞，你我都在這個萬事萬物之中。振動頻率與能量的關係如何呢？依據普朗克的公式，頻率與能量互換的公式是 $E = h\nu$，ν 是無線電

磁波的頻率，h是普朗克常數（約6.62乘以10的負34次方），亦即該公式為：一束具有固定頻率ν的光子（或電子），其能量等於普朗克常數h乘上ν。

然而，能量顯現的範疇多種多樣，除了可見的物體運作，如視覺可見的撞擊、墜落等等，也包括透過聽覺感受的「聲音振動」，以及產生「能量頻率」的咒語。不僅如此，還有超越視覺與聽覺的能量，也就是思想的能量。雖然人類無法以聽聞方式「直接」見到或看到能量，但透過腦電波和腦部掃描之類的儀器，還是可以「間接」測量出人類大腦活動所「釋出的能量」。特別是在佛教世界裡，更認為思想構成事件，而信念創造實相；科學與宗教，其實是有相當程度的交集的。

不用實體接觸，遠距能量傳導是真的！

讓我們再回想上文的幾個關鍵詞句：「意識思想」、「聲韻振動」、「宇宙萬物都由能量構成」、「萬事萬物時時刻刻都在振動」、「萬物彼此相互振動」。於是，我們可以推知咒語所含藏的「思想意識」與「聲韻振動」，兩者都是關鍵的能量啟動器。

在量子力學的概念下，宇宙萬物是相互連結的，這說明了不論兩個物體之間的距離有多遙遠，只要曾經有過連結（量子糾纏），不論分開多遠或多久，都可以互相感應。這個新發現，改變了建構世間所有物質的「粒子」之間的距離或空間認知，同時也打破了古典物理學的局限。即便是人類肉體的細微分子，甚至DNA與DNA彼此之間的關係也是如此。DNA是生物體組成的遺傳指令，引導生物發育與生命機能運作。1992

年，科學家開始發展出量子生物學的新領域，而陸陸續續的不同實驗，也證實了活動的人體DNA可以超越空間，進行沒有實體接觸的遠距能量傳導。這是多麼讓人感到驚奇。

量子實驗的結果，發現在粒子的層次上，萬物似乎互相連結，而且無限無邊。似乎宇宙的生命體都擁有某種不受時間、空間，乃至死亡所限制的意識智能。在某些層面上，人類的意識其實能夠超越「此時此地」，而在時空之中延展開來。因為宇宙萬物是相連結的，呼喚咒語的同時既能提供「自身」解決問題的能量，也能轉化給相連結的「一切生命體」，或許我們可以用「共鳴作用」來看待能量與能量之間的呼應。換句話說，也就是特定形式的能量會與其他類似形式的能量產生共鳴，並且相互吸引。在這個概念下，發出咒語的能量到宇宙，宇宙智慧能量就會回應你，與你的咒語聲韻共鳴。

＊量子糾纏：英國劍橋大學的教授羅傑・彭羅斯（Roger Penrose）是現代頂級的物理學家，於2020年獲得諾貝爾物理獎。他和另一位科學家史都華・哈默洛夫（Stuart Hameroff）提出一個理論，認為意識不是像腦神經科學家認為的只是在「大腦神經細胞」的電子交互而已。彭羅斯和哈默洛夫認為，意識也形成在「宇宙」之中，可能在不同空間進行的電子「相互作用，相互連結」。這可符合「量子糾纏」（quantum entanglement）的作用。

第三章／如何持咒最有效？

咒語的力量要如何啟動才有效？只需要單純地喃喃自語？還是需要將咒語用文字語言來思考？其實，持咒除了口到心到之外，還要能夠正確觀想，才能有效地接收宇宙的智慧能量。

咒語需不需要翻譯？

口念心誦，就能啟動宇宙能量？

這個問題，自古以來就一直被廣泛討論，但仍然莫衷一是。唐朝的大譯經師玄奘法師主張咒語不需翻譯，他認為咒語是諸佛之間甚深、微妙且不可思議的祕密話語，不應被翻譯出來，只要保留原來的梵音，方便念誦就好。另一類不贊成翻譯咒語的人，則認為持咒是一種禪定冥想，心靈意識必須專注於一，重點在於直覺感受，遠離大腦心智的邏輯思考，不需要思考咒語的意義。如果咒語被翻譯成有意義的文字，只會讓人們啟動思維，所以嘗試用文字語言來思考，不僅無助於心識專注於一，甚至會產生干擾，背道而馳。

其實，咒語力量的「引發」包含「受啟發的行動」與「直覺感受」等兩種面向。「受啟發的行動」在宗教上稱為「天啟」，意思是透過上天的啟動，或是宇宙天地能量的啟發，它們是直接的、單純的，是種未經邏輯思考的意識過程。「直覺感受」是禪定冥想的一個過程，必須心靈意識專注於一，同樣遠離大腦心智的邏輯思維，不去思考其意思。

心口如一，知其所以然，讓感應更容易發生

能夠專注於一的持咒，是讓人羨慕的境界，一般人在學習過程中，並不易做到。如果只是「單純念誦」而不了解其義，時間一久，難保持咒不會流於形式，變成重複念誦無意義的字句而已。即使口裡念咒，心中卻雜念四起，即使心有所警醒而再度專心，但一再重複念著「無意義」的字句，不用多久又將陷入疲累分心的狀態。

如果透過適當的翻譯，能夠領略咒語的意思，了解咒語的核心概念，將能更準確、更有效率地持咒。換句話說，這時透過咒語意義的啟發而啟動你的直覺與靈感，當你進入這樣的連結狀態，就更容易進入咒語的能量世界；也就是在人類有限知識的理解領略內，無意識地啟動本能與直覺，接通不可知的浩瀚宇宙能量網路。

從「有念」晉升到「無念」的狀態

咒語並非完全無意義的喃喃自語，更重要的是達到咒語「徹底地內化」，讓聲韻與你的身體、心靈融合為一。翻譯咒語的存在意義，就好比著迷一首外文歌曲的過程，起初只是被旋律所吸引，但隨著深刻理解歌詞之後，將會有更深的體驗。當你一整天都在哼著那首歌時，不知不覺歌曲便完全深植在腦海之中。最後無論身在何處，只要聽見或想到這首歌，整個腦海盡是「歌詞的體悟」，同時依舊包含「旋律的感受」。此刻，人類的大腦完全沒有刻意思考文字，卻能全然地領悟歌詞的含意，簡單來說，就是「心領神會」這四個字。

翻譯咒語的核心價值就是在這裡。隨順自然不費力，約略了解其中意涵即可。當靈感、直覺被啟動引發時，整個身體自由自在，隨著聲韻節奏的振動而感受，因為此刻宇宙的智慧能量已經接軌，已經開始在啟發持咒者，那股宇宙力量會推著個人去接收祈請時所要求的事物，雖然大腦沒有進行邏輯思考，但完全知道咒語能量的意義。

口到心到，能夠正確的觀想才是王道

依據佛教傳統的定義，證悟「宇宙真理」而能解脫「一切煩惱」的人或是境界，稱為「佛陀」。達到佛陀境態的關鍵之處，在於證悟了宇宙真理，這表示擁有透徹宇宙萬物的「智慧」。而十小咒的咒語聲韻，其實就是在呼喚宇宙各種形式的智慧能量。佛教裡的智慧稱為「般若」（Prajna），發音如「波惹」。佛教的修習過程中，會有「文字般若」、「禪定般若」等步驟，藉由這兩個步驟，期盼達到最後的「實相般若」，也就是宇宙究竟的真理智慧。

其中，「文字般若」是指閱讀佛經而獲取的智慧，而「禪定般若」是透過靜坐、持咒與觀想的方式獲得智慧。而較完美的禪定技巧，則是在咒語聲韻的啟動同時，結合腦海視覺的擬像化，也就是所謂的「觀想」，這對現代修行者的學習來說更是格外重要。讓我們來看一個赫赫有名的六字大明咒「嗡嘛呢叭咪吽」，羅馬拼音是om mani padme hum。這幾個咒字不僅具備意義，也可以是單純的宇宙聲韻，它可翻譯成「禮敬蓮中寶」。其中，蓮花（padme）是宇宙的陰性能量，代表智慧；珍寶（mani）是宇宙的陽性能量，代表慈悲。禮敬蓮中寶的意思是，在蓮花

（智慧）之中生起珍寶（慈悲），其完整的意義是「觀世音菩薩的巨大慈悲能量來自於宇宙的智慧能量」。

因此，我們在進行禪定般若的修行中，可以先安穩地吐納，然後口誦或是心念，再加上腦海「觀想」一朵蓮花生起珍貴的寶物。這樣的禪定般若更為透徹。所以，如果不翻譯出咒語的意思，不明白咒字的意義，就無法進行觀想了。這也是翻譯咒語的一個重要原因。

第四章／如何使用十小咒？

第一組咒語：消災解厄保平安

適合對象：生命狀態遭逢突然的困難或是想立刻體驗咒語的讀者

1. 【第1咒】如意寶輪王陀羅尼：解脫束縛，圓滿願望
2. 【第4咒】準提神咒：連結宇宙的清淨力量
3. 【第6咒】藥師如來灌頂真言：療癒身心的宇宙聖藥

【第1咒】如意寶輪王陀羅尼：解脫束縛，圓滿願望

印度古代《吠陀經》提到宇宙有個統一的純淨意識空間，在那個境域裡滲透萬物，卻也讓萬物沉浸其中，它可以連結眾生的思緒、感覺、情緒、信念等反應，而經由思維（chinta）所引發的一切判斷，則被視為智慧能量的轉動。在〈如意寶輪王陀羅尼〉的咒語裡有個寶物，稱為「思維寶」或稱「如意摩尼寶」（chinta mani），那是佛教世界中最珍貴的心靈寶物，是一個宇宙純淨意識的寶庫。擁有這個寶物，可以啟動宇宙的心靈智慧，可以實現每個人的願望。

此外，在念誦咒語的同時，也是覺醒與回歸個人純淨意識的過程，會和顯現於外的物質相狀相互呼應。對於外在事物的面貌，內在覺醒的過程分成四個步驟：虔誠接納（禮敬詞）、即說咒曰（啟動）、沉浸於其中（咒語核心），最後是熱誠地參與成就（吉祥成就）。禮敬詞、啟動、咒語核心、吉祥成就，構成了一個完整純淨的意識運作。

為什麼建議給初學者的第一個咒語會是〈如意寶輪王陀羅尼〉呢？因為它具備完整的咒語格式，非常適合剛開始學習咒語的人。同時，可以在

虔誠地念誦中慢慢取出這個宇宙的如意摩尼寶，立即實現個人種種的心願，以及立刻處理現實世界的逆境。

【第4咒】準提神咒：連結宇宙的清淨力量

這是一個非常簡短的咒語，可以配合前面較長的〈如意寶輪王陀羅尼〉，在長短咒語之間有個喘息的空間。

什麼是〈準提神咒〉？宇宙在過去、現在、未來都有智慧的泉源，而且不停地再擴張、再伸展，其源頭稱為佛陀之母（source），即準提（chunde，意思是清淨）佛母，祂具備了人類難以想像的祈請力量，舉凡世間所能想到的種種祈願：增長智慧、夫婦相愛、繁衍子嗣、延長壽命、治癒疾病、滅除罪業、被人所愛、拓展人際關係、脫離拘禁、遠離惡鬼小人之危難等等，皆能一一實現。

在經文記載中，祂除了能實現個人願望之外，也可以協助人類獲取心靈智慧、移除負面業力，就像是電腦系統的重整軟體，能重整個人混亂污染的意識，擴展心智力量。《大教王經》是中國唐朝一部重要的佛教經典，其中描述此咒匯聚了七千萬智慧能量，經文善讚它是「真言之母，是神咒之王」。另外，《四庫全書》也收錄了許多咒語的靈驗故事，〈準提神咒〉更是被排列為靈驗第一，足見它的重要性。透過此神咒可達到清淨的狀態，將心智的力量擴大，由內而外建立自己的心靈成就，再利用這個成就來實踐理想。

【第6咒】藥師如來灌頂真言：療癒身心的宇宙聖藥

在身體能量虛弱的時候，念誦藥師如來的咒語是一個很好的選擇，它可以將自己的心停留在純然祥和寂靜的境界當中，並在持咒之中體會個人身體的存在、呼吸的節奏，以及感官的覺知，這是一個非常適合天天念誦的咒語。

此咒易記易學，請專注持咒，在重複的聲韻振動下忘卻思維的運作，讓深層的心識運轉擺脫形相的限制，超越邏輯思考的認知，融入藥師如來的智慧明光，療癒「身體」與「心靈」兩種層面的痛苦。而且在此咒語的護持之下，當生命歷程結束之後，離開人類居住的娑婆世界，可以轉往藥師如來在宇宙東方寧靜美好的場域。

第二組咒語：通往心靈的祕境

適合對象：想要徹底提升個人心靈意識的讀者

1. 【第5咒】聖無量壽決定光明王陀羅尼：獲得宇宙智慧的泉源
2. 【第8咒】七佛滅罪真言：更改業力的密碼
3. 【第9咒】往生淨土神咒：獲得永恆、純淨的生命

【第5咒】聖無量壽決定光明王陀羅尼：獲得宇宙智慧的泉源

對宇宙生命體而言，最具意義的是證得永恆的生命，佛教認為一個來自宇宙西方的場域，具有強大的智慧能量（jnana，超越凡常人能理解的智慧，一般翻譯成妙智慧），那是一種善決定（su-vinishchita）的能力，

是「超越」是非對錯與理性分析的決定。梵語中稱這種智慧為「妙觀察智」，它能回應人類的情感，而非邏輯片段的理性分析。古老的智者們以不同文明的語言，竭盡所能地將此偉大祕密流傳下來，將個人與無量壽智慧的溝通方式留給後世。認真學習這個咒語，再重複專注平靜地念誦，安穩下載這個宇宙的智慧能量，重新體悟自己與宇宙之間的關係（自性與法性，詳後文），以實現內心最深層的渴望及偉大的理想。

此咒來自於無量壽佛與文殊菩薩之間的對談，此咒的能量可以徹底提升個人的心靈意識。持咒者藉由這個咒語能呼喚自己本性中的無限量生命（時間），而且可以追求生命無限的心靈場域（空間），也就是前往無量壽佛的淨土。

【第8咒】七佛滅罪真言：更改業力的密碼

人的意識運作就好比電腦的記憶體，剛開始使用時執行速度很快，因為純淨無污。但隨著大量安裝軟體與多次當機而造成記憶體的受損，於是速度一天天減慢。人的意識體一開始也是潔淨無污的，但隨著因緣業力，逐漸產生污染與斷裂的現象，就如同電腦一樣，執行效率持續下滑。〈七佛滅罪真言〉就好比磁碟重整的系統程式，透過此咒能呼喚內在的靈魂，去驅動宇宙神奇的力量，當開始念誦咒語的那一剎那，就等同下載宇宙的意識重整程式，能立即下載佛菩薩的清淨能力，讓心靈回復純淨的初始狀態。

整個咒語是藉由七個宇宙的智慧能量（七佛），來洗滌個人深層意識的污染，回復其純淨赤裸的意識（naked mind），這是個「重整與清淨」疲憊

混亂心識的咒語。因為意識的存在，而有了業力（karma）的作用，形成前世今生的因果關係；並在個人意識與宇宙神聖意識的運作之中，產生了因果與輪迴。在混亂的外在亂象下，唯有一步步認識個人的深層意識，從清淨個人意識的角度進入，才能找出生命的方向，也才能體悟人生的目的與價值。

〈七佛滅罪真言〉，就是一個用來純淨個人意識的重要咒語，指導人們如何淨化個人意識。因為意識大部分是累世記憶所生成，而且會深切地影響著人們的行為與生活。也因為如此，業力的影響經常在不自覺的狀態下不斷徘徊與重蹈覆轍。簡單來說，〈七佛滅罪真言〉讓持咒者透過虔誠地請求懺悔與原諒，移除負面的記憶與能量。當你至誠念誦時，藉由七佛神聖意識的啟發與影響，讓自我意識達到「空」與「無」的境界，瞬間就能豁然開朗。接著，藉由下一個〈往生淨土神咒〉，就可為前往另一個世界做準備。

【第9咒】往生淨土神咒：獲得永恆、純淨的生命

〈往生淨土神咒〉是一個擁有典型結構的咒語，一開始是以虔敬的心識來呼喚宇宙的智慧能量，透過重要的咒字namo（南摩）啟動，將心識以禮敬、皈依、歸命的方式來祈請amitabhaya（無量光佛，amitabhaya是amitabha的轉變形式，結語字ya意思是「向⋯⋯對象」）的協助，amitabha是amita（無量）與abha（光）的結合咒字，藉由amitabha咒語的聲韻振動，可想像amitabha所帶來的無限量光芒，將修行者包圍在宇宙的智慧能量之中。所以，經常念誦此咒字，在生命結束的時候，即可

前往阿彌陀佛的淨土，那是位於宇宙西方的能量場域（sukhavati，極樂世界），一個充滿著喜樂、純淨無垢、沒有任何迷惑的意識空間。

〈往生淨土神咒〉除了可以延續〈七佛滅罪真言〉的純淨功能之外，再加上〈聖無量壽決定光明王陀羅尼〉的「無量壽」（象徵時間無限）與該咒的「無量光」（代表空間無限），三個組合成完整的一組意識學習，可在往生之後將意識轉化到純淨的智慧空間。

第三組咒語：禪修的加速器

適合對象：想透過慈悲能量去開展更深層的宇宙智慧的讀者

1. 【第7咒】觀音靈感真言：開展慈悲與智慧
2. 【第2咒】消災吉祥神咒：解除一切災厄
3. 【第3咒】功德寶山神咒：結界，創造清淨空間

【第7咒】觀音靈感真言：開展慈悲與智慧

從現代物理學「量子力學」的理論來看，宇宙所有物質的源起與存在是來自一股能量，這股能量讓宇宙萬物連結在一起，相互作用產生振動，又陸續發展出各種能量。同樣的，遠古時代的印度智者也發現了一個神奇的力量──「慈悲」，隨後人們將這股力量轉化成一個具有意識與智慧的心智菩薩──觀世音菩薩，同時賦予美好的形象。這種慈悲能量可連結宇宙一切的生命體，進而能誠心無別地感同身受他人的苦。

在慈悲的概念下，宇宙神聖意識體與個人的意識、潛意識是相連結的，

這有點類似瑞士心理學家榮格（Carl Gustav Jung, 1875~1961，近代研究意識的權威，其理論貫穿東西哲學與宗教）提出的「集體潛意識」的概念。如果我們能將他人的問題視為自己潛意識的問題，以慈悲的能量來清理污染，其智慧成果將會更寬廣、更豐碩。由於集體潛意識是相連的，所以不論是他人或自己遇到問題時，在祈請的慈悲力量中都能獲得解決，這也是慈悲的概念之一。因為觀世音菩薩的慈悲能量深不可測，而成為中國人最尊崇的菩薩，祂的咒語功能幾乎涵蓋生命中的所有層面，也因此很多世間凡人深深感受到祂的慈悲力量。

觀世音菩薩不僅源源不絕地釋放慈悲的能量，誠心誦念〈觀音靈感真言〉，在此咒的引導下，除了可以遠離苦難，最重要的是還能幫助修行者走向覺知的智慧世界。此咒內容精深嚴密，依序展開不同層面的智慧，並由宇宙最大的智慧能量（maha jnana，偉大智慧）去啟動個人最原始純淨的發心（chitta-utpada，發心）；接著超越探索與分析的能力（vitarka，尋伺）；最後開展宇宙的智慧領略（sarva-artha，一切義）。豐富的成就滿溢在持咒的過程之中，是圓滿心靈，成就最完整、最善美的學習。

【第2咒】消災吉祥神咒：解除一切災厄

過去形容地球的大災難都用「百年一遇」，但近年地球災難頻繁，週期似乎逐漸縮短。整個地球的天災遽變幾乎年年都真實在我們面前上演。億萬年的地球風貌，顯現的不是穩定恆常的狀態，所以每過一段時期，地球就會劇烈變動，動盪週期再現，海嘯、地震，北美洲的颶風雪災，都產生了毀天滅地的破壞威力。如何能在此動盪的自然環境中安穩居住

呢？這時可以念誦〈消災吉祥神咒〉，召請宇宙光明能量讓災難的擾動趨於平靜（shantika），它是個人與自然環境共存的重要咒語。

很明顯的，目前我們看到的地球正在大量重整它的秩序，而人類必須「一起承擔」這個業力的總清算，人類也必須共同「集體重整」心靈與意識。就個人角度而言，想要進行心靈養護，在生理能量處於低潮時可專心念誦〈消災吉祥神咒〉，以便喚起潛藏的能量，經文還說此咒可以延長生命的時間。此外，就懷抱慈悲的胸懷而言，努力念誦〈消災吉祥神咒〉，可以祈請這個陀羅尼（dharani，咒語）降低種族之間與國家之間的暴力衝突。再者，至誠專心地持誦〈消災吉祥神咒〉，還能守護個人與宇宙間正面能量的和諧運轉，並和宇宙這個威猛的能量連結，從而與宇宙天地之間隨順相處，一旦風雲遽變、宇宙天體運轉產生變異時，就能以順服的心坦然接受這一切都是自然的現象。

【第3咒】功德寶山神咒：結界，創造清淨空間

許多神聖的空間透過咒語的念誦，形成一種具有隱喻性的抽象場域，由個人存在的物質空間「連結或轉化」到超越距離的宇宙空間，此時誠心念誦咒語可以接觸到宇宙智慧能量的顯現，或是在觀想之中展現宇宙的奧祕空間。

我們在第三組所建議的是和「慈悲」之間緊密連結的咒語，慈悲是偉大的生命力量，「慈」指的是給予宇宙生命體平安喜樂；「悲」是解除宇宙生命體的痛苦，慈悲可連結萬物，是一股善美的能量。

〈功德寶山神咒〉藉由兩條河向宇宙呼喚，以「悲憫」的心（krpa，發

音接近「克利巴」）虔誠地呼喚，讓此神咒守護大地，消除人類過度開發環境的罪惡行為。我們還可透過〈功德寶山神咒〉，一個在印度高山的兩條河流祭祀的咒語，呼喚宇宙的慈悲力，讓人類的心靈意識跟自然環境和諧相處，無論是氣候變遷的影響或是宇宙磁場的影響，這個咒語透過宇宙純淨的意識能量，進化人類意識與自然空間之間的和平相處。

終極學習：地球智慧與宇宙智慧的相融

適合對象：熟悉咒語者的終極學習，以及期盼豐富物質生活與純淨心靈意識並重的讀者

1. 【第10咒】大吉祥天女咒：圓滿世間成就與心靈成就
2. 完整念誦「十小咒」：每天的幸福加持

【第10咒】大吉祥天女咒：圓滿世間成就與心靈成就

完成了前面九個咒語的學習，終於來到十個咒語中最後一咒，也是最長的一咒，這是個相當精采且功德齊備的咒語。長久以來，佛教世界的早課必須每天念誦此十小咒，但隨著時代變化，在忙碌的生活中，凡常人願意努力撥出時間，有效地進行階段式的念誦，也算是一種認真精進的生命態度。人生在世會有世俗財富物質的理想，也會有心靈意識的崇高目標。此〈大吉祥天女咒〉是非常特殊的咒語，它同時兼顧「物質世界」（財富）與「精神世界」（智慧）兩種願望的實現。仔細分析〈大吉祥天女咒〉的完整內容，會發現是一連串理想心願的實踐計畫，每個階段有不同層面的「成就」，這些成就是「物質世界的智慧」與「意

識空間的智慧」的相互成長。在〈大吉祥天女咒〉內容中，依序清楚排列三種成就：(1)建立物質世界偉大的事業成果（maha karay）；(2)在物質世界與心靈世界並重之下，體悟人生一切事物的意義、道理、價值等成就（sarvartha sadhane，一切義成就）；(3)追求宇宙終極智慧，慢慢地靠近「法性實相」的境態（ayana dharmata）。

完整念誦「十小咒」：每天的幸福加持

完成了〈大吉祥天女咒〉的學習，就可開始考慮連續念誦十個咒語。數千年來，人類所累積的印度古梵語的咒語，數量相當驚人，而這十個咒語都是千錘百煉被精心保存下來的。完整念誦一次，以不疾不緩的速度進行，其實不用幾分鐘時間。

這十個咒語是如何被選出來的，現今已不可考。但是，仔細觀察這十個咒語的次序，不難發現其用心之細膩與通透。首尾都是功德最完備的咒語，第一個〈如意寶輪王陀羅尼〉是觀音菩薩的超強咒語，完整涵蓋不同層面的俗世願望；而第十個〈大吉祥天女咒〉既可以圓滿物質事業，也可以進行徹底的意識淨化與心靈能力的提升，是橫跨物質世界（我們的地球）與心靈世界（宇宙虛空）的奧祕咒語。兩個咒語首尾聯手出擊，守護念誦者的身與心，讓人類在這個物質世界也有機會去探索宇宙的意識空間。

另外，十個咒語之中的第六咒〈藥師如來灌頂真言〉是潔淨身體與心靈的宇宙聖藥，可以修護每日辛勤工作的身體，讓身、心、靈同時獲得宇宙能量的滋潤涵養。〈藥師如來灌頂真言〉被安置在十個咒語的中間之

後,位置安排真是恰到好處。

其餘精挑細選的七個咒語則是有層次地增強「智慧能量」的咒語,同時也累積「慈悲能量」。其中慈悲能力是智慧能量的超級助手,因為慈悲可以連結宇宙的一切智慧。在〈觀音靈感真言〉中,智慧的層次是條理分明的,這是個難度頗高的咒語,充滿心智學習的多層次挑戰。這個咒語在智慧之中開展慈悲的能量,而擁有充沛的慈悲能量,不僅會為自己設想,凡事也會多替他人著想,如此形成自助、助人與天助的善美因緣。

最後有個小小的提醒,<u>如果無法堅持完整地誦持十小咒,想轉換成輕鬆的學習,請趕緊轉到〈準提神咒〉的念誦,它是十小咒之中最貼心的安排,不僅容易念誦且威力強大,是「真言之母,神咒之王」,可以達到穩定這十個咒語的念誦。</u>

持咒的方法

4個步驟

咒語是宇宙能量接軌的啟動器。正向的心念加上專注至誠的持咒,就會連結到宇宙的智慧能量。

不過,完整的發願與持咒是有程序的,也是有節奏的,經由清楚的程序步驟,才能由內而外,實實在在地重整、淨化與連結。下面以〈大吉祥天女咒〉為例,說明持咒的步驟:

步驟1・發心

祈請大吉祥天女的護持,清楚仔細地念出每一個咒字,心中至誠地跟隨大吉祥天女的心識學習,培養情感進入深密的意識連結。

步驟2・觀想

觀想的意思是在腦海裡將抽象的意涵轉換成具體的形象,大吉祥天女的「吉祥」代表眾生的意識與宇宙萬物和諧相處,達到吉祥的美善狀態。在觀想大吉祥天女的具體形象時,也要將和諧、善美與吉祥的特質灌注於這位女神的身形上。

步驟3・感受共鳴

盡可能放鬆去體會大吉祥天女咒語所帶來的宇宙能量,感受能量包覆全身。

步驟4・安住

持咒時,「安住」是個必須練習的修行技巧,但它不是立刻可得。一開始要約略了解咒字大意,這樣可以避免長時間念誦之下,落入精神渙散、喃喃自語的狀態。同時,持咒的時間也不要一下子太久,隨著熟悉咒語的節奏,然後進入短暫的專注。慢慢累進再延續更長的持咒時間,讓咒語的念誦自然地轉入心領神會的美好狀態。

3 個提醒

❶每天固定念咒時間與流程:

例如每天固定念誦三次咒語,以便定期與宇宙各種形式的能量產生共鳴,達成心智重整的成就。

❷善用佛菩薩造像:

例如使用平面圖像或立體佛像。雖然大吉祥天女是神聖意識的擬人化,但準備增強印象的素材,比如念誦時在面前安置大吉祥天女的法像,透過立體佛像或畫像則會產生更強烈的信念。

❸善用咒語音樂:

例如使用手機或電腦,下載大吉祥天女的咒語MP3,隨時利用瑣碎空檔時間學習,這既是學習也是心靈的修護,對於現代人來說特別實用。

十小咒可以這麼用！

依據十個咒語的不同功能，大致可分成三個類別：1.消災解厄保平安；2.通往心靈的祕徑；3.禪修的加速器。不論是生活的祈望、智慧的尋求或生命的要求，透過咒語的呼喚，你都能創造出「使命必達」的驚人力量。

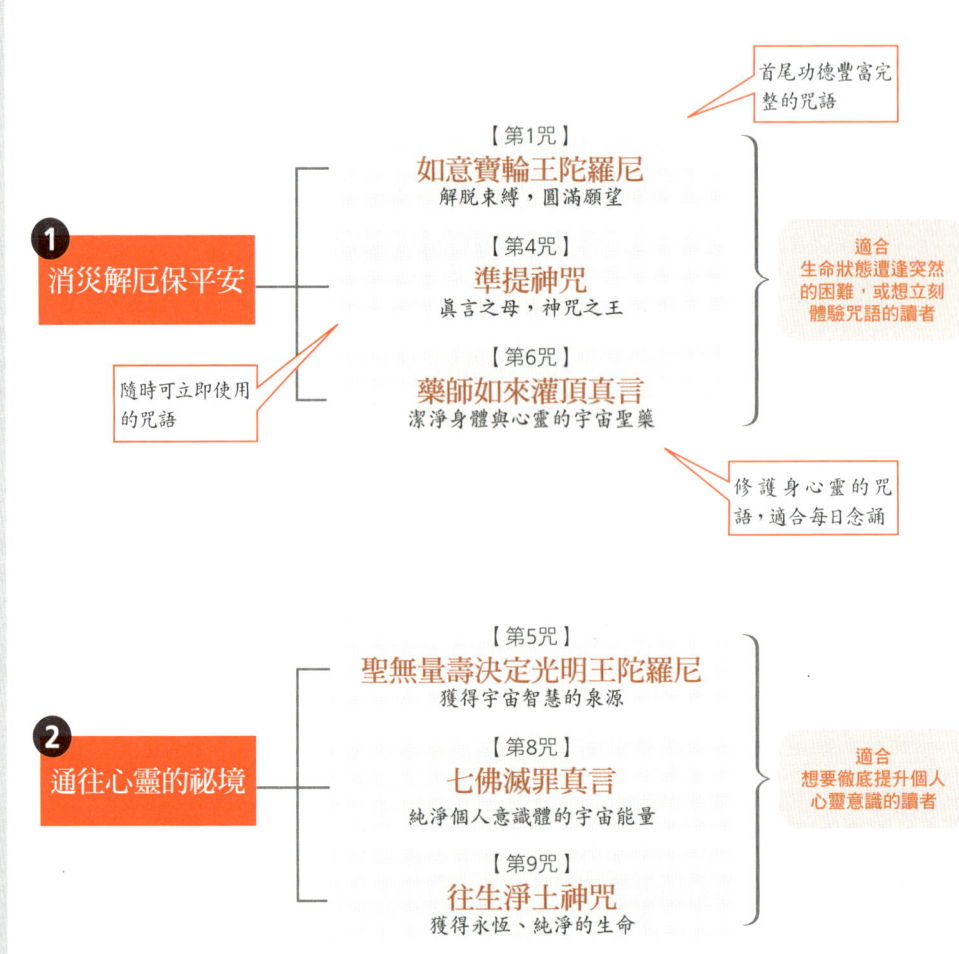

❶ 消災解厄保平安

【第1咒】
如意寶輪王陀羅尼
解脫束縛，圓滿願望

【第4咒】
準提神咒
真言之母，神咒之王

【第6咒】
藥師如來灌頂真言
潔淨身體與心靈的宇宙聖藥

— 首尾功德豐富完整的咒語

— 適合生命狀態遭逢突然的困難，或想立刻體驗咒語的讀者

— 隨時可立即使用的咒語

— 修護身心靈的咒語，適合每日念誦

❷ 通往心靈的祕境

【第5咒】
聖無量壽決定光明王陀羅尼
獲得宇宙智慧的泉源

【第8咒】
七佛滅罪真言
純淨個人意識體的宇宙能量

【第9咒】
往生淨土神咒
獲得永恆、純淨的生命

— 適合想要徹底提升個人心靈意識的讀者

❸ 禪修的加速器

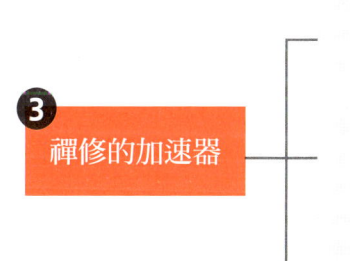

【第7咒】
觀音靈感真言
智慧之中開展慈悲的能量

【第2咒】
消災吉祥神咒
召請宇宙光明能量,粉碎災難

【第3咒】
功德寶山神咒
在印度兩條河流祭祀與呼喚慈悲

適合
想透過慈悲能量,
去開展更深層的宇
宙智慧的讀者

❹ 終極學習

【第10咒】
大吉祥天女咒
圓滿物質事業與心靈意識的成就

適合
熟悉咒語者的終極學
習／期盼物質生活與
心靈意識並重的讀者

> 首尾功德豐富
> 完整的咒語

第 **4** 章　如何使用十小咒？

35

PART 2

十小咒一念
喜獲智慧與慈悲

第 1 咒

解脫束縛,圓滿願望

如意寶輪王陀羅尼

此咒語的核心人物是慈悲的觀自在菩薩。觀自在菩薩全心全意安住在一切豐足滿願的摩尼寶境域,啟動宇宙能量去「轉動法輪」與「實踐眾生的願望」,慈悲地照顧宇宙中所有的生命體。

【咒語小檔案】

1. 翻譯年代：唐（618-907年）
2. 譯者：菩提流志
3. 中文全名：大蓮華峰金剛祕密無障礙如意輪陀羅尼
4. 梵語英音：Chinta-mani Chakra-vartin Dharani
5. 梵語英譯：The Wish Fulfilling Wheel Turning Dharani
6. 核心神聖意識體：如意輪觀音

第1咒　如意寶輪王陀羅尼（咒語）

南無佛馱耶　南無達摩耶　南無僧伽耶　南無觀自在菩薩摩訶薩
具大悲心者　怛姪他　唵　斫羯囉伐底　震多末尼　摩訶鉢蹬謎
嚕嚕嚕嚕　底瑟吒　爍囉　阿羯利沙夜　吽癹　莎訶
唵　鉢蹋摩　震多末尼　爍囉　吽　唵　跋喇陀　鉢亶謎　吽

---

❶ 傳統漢譯

南無佛馱耶　南無達摩耶　南無僧伽耶　南無觀自在菩薩摩訶薩
具大悲心者

梵音

namo ratna-trayaya nama arya-valokite-shvaraya bodhi-sattvaya
（皈依）（寶）　（三）　（皈依）（聖）　（觀）　（自在）　（覺）　（有情）
maha-sattvaya maha-karunikaya
（大）　（有情）　（大）　（悲心者）

建議中音

南摩　拉德拿─德拉亞亞　南瑪　阿里亞─瓦洛吉碟─須瓦拉
亞　博迪─薩德瓦亞　瑪哈─薩德瓦亞　瑪哈─嘎如尼卡亞

意譯

誠摯地「皈依三寶」。誠敬地將生命交給「聖觀自在菩提薩埵」，祂是大菩薩，是偉大的慈悲者。

---

❷ 傳統漢譯

怛姪他

梵音

tadyata
（即說咒曰）

建議中音

達底亞塔

意譯

即說咒曰：

---

❸ 傳統漢譯

唵　斫羯囉伐底　震多末尼　摩訶鉢蹬謎　嚕嚕嚕嚕　底瑟吒　爍囉
阿羯利沙夜　吽癹

梵音

om　　chakra-varti chintamani maha-padme, ru ru　　tistha
（宇宙聲音）（輪）　（轉）　（思維）（寶）（大）　（蓮華）（快！快！）（安住）
jvala, akarsaya　hum　　phat
（光明）　（召請）　（宇宙聲音）（爆裂的聲音）

40

建議中音

嗡　查克拉—瓦迪　情塔瑪尼　瑪哈—帕德美　如　如　提斯夏　吉瓦拉　阿卡沙亞　轟　帕特

意譯

嗡！轉動法輪、如意摩尼寶、偉大蓮花。快！快！安住在光明之中。轟！召請宇宙純淨的能量去摧毀障礙！

---

❹ 傳統漢譯
梵音

莎訶

svaha
（吉祥成就）

建議中音

斯瓦哈

意譯

吉祥成就。

---

❺ 傳統漢譯

唵　鉢蹋摩　震多末尼　爍囉　吽

（此為大心真言，由後人增加）

---

❻ 傳統漢譯

唵　跋喇陀　鉢亶謎　吽

（此為隨心真言，由後人增加）

---

*重點提醒：熟悉寺院課誦本的讀者，請注意本單元的斷句有誤。不過，無須在意，當參加寺院早課時，還是繼續跟著法師的節奏念誦。如果獨自在家，能理解梵語正確音譯，肯定有助於啟動這個咒語的神聖力量。以下是兩者的差異。

課誦本斷句：爍囉阿羯利　沙夜吽　登莎訶
正確斷句：爍囉（jvala）　阿羯利沙夜（akarsaya）　吽登（hum phat）
　　　　　莎訶（svaha）

第 **1** 咒　如意寶輪王陀羅尼

41

如意寶輪王陀羅尼（白話文）

❶ 誠敬地將生命交付給三寶。誠敬地將生命交付給聖觀自在菩提薩埵，祂是大菩薩，是偉大的慈悲者。

❷ 即說咒曰：

❸ 嗡！啟動宇宙的能量，開始轉動法輪。在象徵純淨的大蓮花之中，含藏一個智慧的思維寶，清澈閃亮而能除盡心靈的污垢。然後讓意識安然維持在光明的潔淨狀態之下。轟！呼喚宇宙純淨的能量去摧毀障礙！

❹ 願一切吉祥成就。

備註：1.傳統課誦本的漢音，意思是「禮敬佛、禮敬法、禮敬僧」，不過，義淨大師梵語寫的是「禮敬三寶」。雖有不同，意義是相通的。

2.此咒內容大都是梵語音譯，唯獨「具大悲心者」此句為意譯。

3.此咒的傳統課誦本，除了如意寶輪王的咒語，後人還在結尾處添加觀自在菩薩的大心真言「唵 鉢蹋摩 震多末尼 爍囉 吽」與隨心真言「唵 跋喇陀 鉢亶謎 吽」。

4.還原上述兩個觀自在菩薩真言的梵語，它們分別是：

大心真言：唵　鉢蹋摩　　　震多末尼　　　　爍囉　　吽
　　　　　om　padme（蓮花）chinta-mani（如意寶珠）jvala（光明）hum

隨心真言：唵　跋喇陀　　　　鉢亶謎　　　吽
　　　　　om　varada（給予願望）padme（蓮花）　hum

關鍵咒字

1. **chakra**：輪。
2. **varti**：轉動。
3. **chinta**：思維、思考，也有內在心理運作的意思，例如焦慮、渴望。chinta與mani兩字經常被合譯成「如意寶」或「如意摩尼寶」。
4. **ru ru**：有人認為是無意義的宇宙聲韻，也有人翻譯為「快！快！」的聲音。
5. **tistha**：安住，平穩地保持在一種狀態之中。
6. **jvala**：光明。
7. **akarsaya**：召來、喚起，亦可翻譯為「召來宇宙的力量」或「呼喚宇宙的能量」。
8. **phat**：破裂、爆破的聲音，象徵猛烈的一擊摧破障礙而發出的聲響。在大乘佛教中，phat這個神聖咒音具有摧破的力量，可以清除「內在、外在與祕密」三種障礙，協助修行者獲得成就。

咒語主要功能

☑ 消災解厄
（天災人禍、厄運）

☑ 淨化業力

☐ 化解冤親債主

☑ 圓滿願望

☐ 增加財富

☑ 增長智慧

☑ 長養慈悲

☑ 提升能量

☐ 健康長壽

☑ 往生淨土
（極樂世界）

☐ 療癒身心

☐ 守護大地

一定要認識的咒字

1. dharani：音譯為「陀羅尼」

意思是咒語。陀羅尼是人類接通宇宙能量的古老語言，經由聲韻的振動能讓個人意識與宇宙純淨的空間接軌。

咒語的內容一般包含兩種聲音，一是有意義的字句，是可以被理解、思考及分析；另一類則是看似沒有意義的聲韻，卻蘊含巨大的振動能量，像「嗡」（om）與「轟」（hum）就是咒語中最常見的這類聲韻。

2. Om：音譯為「嗡」

是宇宙的聲音，具有強大的力量。在印度古代聖典《奧義書》（Upanishads）中指出，om是一種體悟，是透由摧破「我執」（ego）的界限，徹底了解神性真義的狀態。大乘佛教則認為om是至高無上的「合一」（oneness），象徵「物質境域」與「精神境域」合而為一，它是神祕的音韻，也是一切咒語的根本。

3. hum：音譯為「轟」

同樣具有強大的力量，被視為佛陀的聖潔心靈。在大乘佛教中，hum更代表鑽石般的堅固力量，也就是佛教裡「金剛」（vajra）一詞所代表的力量，透由hum的能量可以摧破我們遭遇的障礙。在很多古老咒語中，om與hum兩個宇宙能量經常聯手出擊，產生更巨大的能場。

不可不知的咒語結構

咒語最常見的基本結構是：歸敬文＋咒語分水嶺＋咒語核心＋結尾。下面以〈如意寶輪王陀羅尼〉來說明：

1. 歸敬文：namo（音譯為「南摩」，意思是皈依、歸命）
2. 咒語分水嶺：tadyata（音譯為「達底亞塔」，意思是「即說咒曰」）
3. 咒語核心：咒語的主要力量
4. 結尾祝賀詞：svaha（音譯為「斯瓦哈」，意思是「吉祥成就」）

1. **歸敬文**：namo（音譯為「南摩」，意思是皈依、歸命）。透過歸敬文，為自己創造一個純淨的心靈空間，如同結界一般。

   namo ratna-trayaya nama arya-valokite-shvaraya bodhi-sattvaya maha-sattvaya maha-karunikaya

   誠敬地將自己的生命交付給三寶，誠摯地「歸命三寶」或「皈依三寶」。誠敬地將生命交付給「聖觀自在菩提薩埵」，祂是大菩薩，是大慈悲者。

2. **咒語分水嶺**：tadyata（音譯為「達底亞塔」，意思是「即說咒曰」）此咒字tadyata是咒語典型的分界點，由此之後進入整個咒語的核心力量。

3. **咒語核心**：整個咒語的主要力量。

   om chakra-varti chintamani maha-padme, ru ru tistha jvala, akarsaya hum phat

   嗡！轉動法輪、如意摩尼寶、偉大蓮花。快！快！安住在光明之中！呼喚宇宙純淨的智慧！轟！去摧毀障礙！

4. **結尾**：svaha（音譯為「斯瓦哈」）
   svaha的意思是成就圓滿，在佛教典籍中經常翻譯為「吉祥成就」！

一分鐘重點

【第1咒】如意寶輪王陀羅尼

● 十小咒的第一咒〈如意寶輪王陀羅尼〉祈請的對象是宇宙慈悲能量的代表——觀世音菩薩。透過此咒釋放出慈悲的能量，引領人們遠離苦難，同時也可以協助人們走向智慧之路。這股溫暖的慈悲能量，匯聚於宇宙西方的能量場蓮華部。

● 將此咒放在第一咒是非常恰當的安排，因為〈如意寶輪王陀羅尼〉具備典型咒語的四個基本格式，同時我們也可經由對觀世音菩薩的祈請文，學習到經常可見的祈請咒字，對往後其他咒語的學習有很大的幫助。

● 持咒時，請觀想觀世音菩薩的身形，同時透過咒字chakra-varti（轉動法輪）來啟動宇宙的智慧。咒音chintamani（如意摩尼寶）可以實踐眾生的願望，在念誦祈請文之前，也請在心中清楚說出自己的心願。而maha-padme（偉大蓮花）咒字可以協助持咒者體悟宇宙真理的智慧。

● 接著，持咒者還要認真地觀想自己安住於明光之中（tistha jvala），這個畫面的想像是強化咒語能量的關鍵之一，如此接下來的咒字akarsaya hum phat才可召喚宇宙純淨的能量，發揮摧毀一切障礙的作用。因此，經典曾提及當生命遭逢突然的困難時，更要念誦此咒去除面前的障礙。

咒語詳解

開始的歸敬文

傳統漢譯	南無佛馱耶　南無達摩耶　南無僧伽耶　南無觀自在菩薩摩訶薩　具大悲心者
梵音	namo ratna-trayaya nama arya-valokite-shvaraya bodhi-sattvaya maha-sattvaya maha-karunikaya
建議中音	南摩　拉德拿－德拉亞亞　南瑪　阿里亞－瓦洛吉碟－須瓦拉亞　博迪－薩德瓦亞　瑪哈－薩德瓦亞　瑪哈－嘎如尼卡亞

1. 皈依三寶

namo ratna-trayaya（南摩　拉德拿－德拉亞亞）

修行者一開始誦讀namo ratna-trayaya，誠敬地將自己的生命交付給三寶，也就是純淨內在心靈的首要功課，在這同時也讓念誦者為自己創造一個純淨的心靈空間。namo音譯為「南摩」，意思是「皈依、歸命」；ratna代表寶物、珠寶；trayaya是數字三，全句意思是誠摯地「歸命三寶」或「皈依三寶」。

2. 皈依聖觀自在菩提薩埵

nama arya-valokite-shvaraya bodhi-sattvaya（南瑪　阿里亞－瓦洛吉碟－須瓦拉亞　博迪－薩德瓦亞）

藉由歸敬文的咒字連結，去體會佛、法、僧三寶的力量究竟有多強大。再運用咒語之後所帶來的力量，將有機會成為更平和與更慈悲的人。接著，在觀世音菩薩的保護下，為了積極創造善美和諧的世界，要誠敬地將生命交付給「聖觀自在菩提薩埵」（arya-valokite-shvaraya bodhi-sattvaya）。皈依文中的nama與namo意思相同；arya是聖潔、神聖的意思；valokite-shvaraya則是觀世音的名號，valokite是觀看的意思，是非常重要的一個梵字；shvaraya的意思是

隨順心意的「自在狀態」。三字合併就是「聖觀自在」，其中的sh發音就如同show一字sh的發音。

透過皈依文虔誠的呼喚，菩提薩埵（bodhi-sattvaya）會守護眾生的情感、理想，真誠地開展足以改變生命與世界的本質。菩提薩埵（bodhi-sattvaya）簡稱「菩薩」，其中bodhi的意思是覺知、覺醒（enlightment），sattvaya的意思是有情，代表宇宙有覺知能力的生命體與意識體，兩字合併成為「覺有情」。無論是音譯的「菩提薩埵」或意譯的「覺有情」，都是代表追求智慧過程中一種純淨美好的狀態，此時的智慧狀態擁有自利、利他的偉大願望，且持續地追求無上覺悟的境界，最後終將達到證悟的一種境態。

3. 偉大的薩埵、偉大的慈悲者
maha-sattvaya maha-karunikaya（瑪哈—薩德瓦亞　瑪哈—嘎如尼卡亞）

宇宙所有物質的源起與存在，來自一股能量，這股能量讓眾生聚集在一起，彼此相互影響產生振動，陸續展現出各種能量。在這之中，古印度智者發現了一個神奇的力量──慈悲，誠心至意地對他人的苦感同身受；之後，人們將這股力量轉化成一個具有意識與智慧的心智菩薩，同時賦予了美好的形象。這個心智菩薩就是代表慈悲力量的觀自在菩薩，或稱觀世音菩薩，所以maha-sattvaya、maha-karunikaya等咒字持續誠敬地呼喚觀世音菩薩，尊稱祂是偉大的薩埵（maha-sattvaya）、偉大的慈悲者（maha-karunikaya）。karunikaya（慈悲）也是常見的神聖梵字，牢記在心將有助於其他咒語的學習。

仔細審視以上的歸敬文：namo ratna-trayaya nama arya-valokite-shvaraya bodhi-sattvaya maha-sattvaya maha-karunikaya，會發現它們與《大悲咒》咒文一開始對觀世音菩薩的祈請文一樣，一字不差、完全相同。這個完整的呼喚敬詞是：

　　　皈依三寶　　namo ratna-trayaya

皈依聖觀自在　nama arya-valokite-shvaraya
菩提薩埵　bodhi-sattvaya
偉大的薩埵　maha-sattvaya
偉大的慈悲者　maha-karunikaya

進入咒語核心，呼喚宇宙的能量

傳統漢譯	怛姪他　唵　斫羯囉伐底　震多末尼　摩訶鉢蹬謎　嚕嚕嚕嚕　底瑟吒　爍囉　阿羯利沙夜　吽癹
梵音	tadyata om chakra-varti chintamani maha-padme, ru ru tistha jvala, akarsaya hum phat
建議中音	達底亞塔　嗡　查克拉－瓦迪　情塔瑪尼　瑪哈－帕德美　如如　提斯夏　吉瓦拉　阿卡沙亞　轟　帕特

虔誠呼喚觀自在菩薩之後，修習者的心靈已經純化潔淨了，隨即進入咒語的關鍵分水嶺——tadyata這個梵字，一般意譯為「即說咒曰」或者音譯為「達底亞塔」。在這之後，就是咒語的核心能量。

■ 1. 嗡！轉動法輪、如意摩尼寶、偉大蓮花

om chakra-varti chintamani maha-padme（嗡　查克拉－瓦迪　情塔瑪尼　瑪哈－帕德美）

〈如意寶輪王陀羅尼〉咒語的核心之一是om chakra-varti chintamani maha-padme這六個梵字。om！這個「嗡」字是呼喚宇宙的根本咒語。chakra的意思是輪，ch的發音與教堂church的ch近似；varti的意思是轉動，兩字合併成轉輪，也就是轉動法輪。法輪可以代表佛法，是宇宙的智慧能量，轉動法輪

就如同佛陀說法一樣，能摧破宇宙生命體的煩惱，脫離束縛，自由自在地獲得解脫。

印度古代《吠陀經》提到宇宙有個統一的純淨意識空間，在那個境域裡頭滲透萬物，卻也讓萬物沉浸其中，它可以連結眾生的思緒、感覺、情緒、信念等經驗，而思維（chinta）引發的一切判斷，都視為智慧能量的轉動，透過思維、思考所引動延續的種種過程，轉化成關注、期盼的心理運作。這裡chinta的ch發音，也是與教堂church的ch近似。mani音譯為摩尼，意思是寶物、珠寶，英文通常譯為jewels。chinta mani兩字合併就成為了「思維寶」或「如意摩尼寶」，那是佛教世界中珍貴的心靈寶物，也就是宇宙純淨意識的寶庫。

思維寶清澈閃亮純淨，可以除盡心靈的污垢，讓思維純化成沒有束縛、隨心順意的自由狀態，所以又稱「如意摩尼寶」。maha音譯為瑪哈，意思是大；padme的意思是蓮華，代表觀世音菩薩屬於佛教的蓮華部，是位處宇宙西方的智慧能量匯聚處。這六個字分別的解釋是：嗡（om）！轉動法輪（chakra-varti）、如意摩尼寶（chintamani）、偉大蓮花（maha-padme）。完整的概念是：嗡！啟動宇宙的能量，開始轉動法輪。在象徵純淨的大蓮花之中，含藏一個智慧的思維寶，清澈閃亮而能除盡心靈的污垢。

2. 安住在光明之中
ru ru tistha jvala（如　如　提斯夏　吉瓦拉）

開啟思維寶之後，緊接著是ru ru tistha jvala這幾個梵字，要繼續安穩地維持在這個淨化的意識空間。開始是連續兩個ru ru，有人認為是「無意義」的宇宙聲韻，音譯為「如！如！」，也有人解釋成「快！快！」的聲音模擬。然後是tistha這個咒子，代表「安住於」、「安住住」，意思是讓心識平穩地保持在和諧的狀態之中。

世間幻變無常，經常喜中有悲，離中帶合，這些咒字可以呼喚光明的溫暖圍繞，讓誦念者平靜而安穩地前進。此句中的光明（jvala）是個重要且常見的梵語咒字，將ru ru tistha jvala這幾個咒字連結在一起，意思就是：快（ru）！快（ru）！安住在光明（jvala）之中。也就是在如意摩尼寶的閃亮照耀之下，除盡心靈的污垢，然後讓意識安然維持在光明的潔淨狀態之下。

3. 呼喚宇宙的純淨能量去摧毀障礙

akarsaya hum phat svaha（阿卡沙亞　轟　帕特　斯瓦哈）

然後是akarsaya hum phat svaha四個字。akarsaya代表召來、召起，可以解釋成為「召喚宇宙的力量」或是「召集宇宙的能量」。hum與om都是宇宙的聲音，具備強大的力量。hum一字還可被視為「佛陀的聖潔心靈」。另外，在金剛乘（vajrayana）的體系中，hum字可以代表鑽石的力量，也就是佛教裡金剛鑽（vajra）的力量，此咒字具備強大的摧破能量。phat一字原本是猛烈一擊、破裂爆破的聲音模擬，象徵摧破障礙而發出聲響，可以除去不好的東西。同樣在金剛乘體系，此神聖的咒音phat具有摧破力量，它可以清除「內在、外在與祕密」三種狀態的障礙，也因此可以協助修行者獲得成就。

最後整個咒語的結尾字是svaha，音譯為「斯瓦哈」，有「吉祥」的意思，也代表「完成一件事」，就是「成就」之意，因此常被翻譯成「吉祥成就」。當念完這一串咒語，就如同完成一件吉祥的盛事。所以〈如意寶輪王陀羅尼〉這四個梵字akarsaya hum phat svaha完整的意思是：呼喚宇宙的純淨能量去摧毀障礙！吉祥成就！

咒名解釋

〈如意寶輪王陀羅尼〉是可以實現人們願望的咒語，經由唐代印度僧侶菩提流志（Bodhiruci，唐朝武后時期由南印來華譯經的三藏大師）翻譯帶入中國。這個咒語在大藏經的全名是〈大蓮華峰金剛祕密無障礙如意輪陀羅尼〉，梵語音譯為chintamani chakravartin dharani，此咒的核心神聖意識體即是慈悲的觀自在菩薩。

在念誦咒語前，拆解咒語的全名可以幫助大家理解這個咒語的意義與威力，以下七點即是〈大蓮華峰金剛祕密無障礙如意輪陀羅尼〉完整咒名的解析：

大蓮華峰金剛祕密無障礙如意輪陀羅尼

1. **大蓮華**：大乘佛教將宇宙空間區分成東、西、南、北、中央五個場域，其中西方是「蓮華部」。講說這個咒語的觀自在菩薩，便是來自於西方的蓮華部，而這個族部的智慧教主即是我們熟悉的阿彌陀佛。
2. **金剛**：金剛鑽、鑽石，梵語vajra，是地球最堅硬的天然物質，說明這個咒字如同金剛鑽一樣堅不可摧。
3. **祕密**：祕是奧祕之義，形容這個咒語的深奧；而密是隱密，在古代這個教法不隨便對外公開。
4. **無障礙**：無有阻礙、無能勝過，源自於梵語apratiha，說明這個咒語沒有任何事物能阻礙它，能勝過它。生命的過程充滿各種不可預期的窒礙挫折，念誦此咒可以摧破「內在、外在與祕密」三種狀態的障礙。三種障礙是人生平日所面臨的困境與阻礙，分別是「物質層面的外在障礙」、「心靈層面的內在障礙」，還有「靈魂深處的祕密障礙」。
5. **如意**：念誦此咒可以「心想事成，如你所願」，達到順心的狀態或是滿足心中的意願。

6. **輪**：輪就是法輪（chakra），轉動法輪象徵傳遞佛法。在這個咒語中觀自在菩薩將轉動法輪，讓這個咒語傳遞給娑婆世界的人們。
7. **陀羅尼**：梵文dharani的音譯，意思是咒語或意指為長咒，有別於短咒mantra一詞。咒語是人類接通宇宙能量的古老語言，經由聲韻的振動能讓個人意識與宇宙純淨的能量接軌。

▌核心神聖意識體：如意輪觀音

在〈大蓮華峰金剛祕密無障礙如意輪陀羅尼〉中，提到觀自在菩薩處於「專注於一」的禪定狀態，全心全意安住在一切豐足滿願的摩尼寶境域。這位慈悲的菩薩啟動宇宙能量去轉動法輪，並守護在有形物質世界的人類（世間），以及保護超越物質世界的意識體（佛菩薩的世界）。

佛教的經典上說，觀自在菩薩的悲心廣大，世間眾生無論遭遇何種災難，若一心稱念觀自在菩薩名號，菩薩即時尋聲赴感，使其遠離痛苦獲得快樂，故人稱「大悲心」。此外，因為祂能讓痛苦的眾生實現願望，所以也稱為「如意輪」。在此咒裡，觀自在菩薩便以如意輪觀音（Chinta-mani-chakra Avalokiteshvara）的形象，擁有「轉動法輪」與「實踐眾生願望」的兩種能量，慈悲地照顧宇宙中所有的生命體。

如意輪觀音
此咒的核心人物是如意輪觀音，有二臂、四臂、六臂、十臂、十二臂等像，而以六臂最為普遍；祂象徵「轉動法輪」與「實踐眾生願望」的兩種能量，慈悲地照顧宇宙中所有的生命體。

第 ① 光 如意寶輪王陀羅尼

咒語單字全解

1. **namo**：音譯為「南摩」，意譯為「皈依、歸命」，也就是虔心至誠地奉獻。

2. **ratna**：寶，即英文字jewelry。

3. **trayaya**：三，與ratna合併為「三寶」，即佛、法、僧三個珍寶。

4. **nama**：與namo相同，音譯為「南瑪」，意譯為「皈依、歸命」，等同於虔心至誠地奉獻。

5. **arya**：聖、聖潔，即英文字holly。

6. **valokite**：觀、觀看。

7. **shvaraya**：自在。

8. **bodhi**：音譯為「菩提」，意思是覺、覺悟，近似英文字enlightenment或awakening。

9. **sattvaya**：傳統佛經中音譯為「薩埵」，意思是眾生、有情、存在，英譯為being，完整的意思是「存在於娑婆世界的有情眾生」。

10. **maha**：傳統佛經中音譯為「摩訶」，意思是大。

11. **karunikaya**：擁有慈悲者。

12. **tadyata**：即說咒曰。此咒字是咒語內容的重要分水嶺，之前是歸敬文，其後是咒語的核心內容。

13. **om**：宇宙的聲音，具備巨大的力量。在印度古代聖典《奧義書》（Upanishads）中指出「om」的聲韻是一種體悟，主要透由摧破「我執」（ego）的界限，徹底了解神性真義的狀態。在大乘佛教中，這個字是至高無上的「合一」，象徵「物質境域」與「精神境域」合而為一，它是神祕的音韻，也是一切咒語的根本。

14. **chakra**：輪。

15. **varti**：轉動。

16. **chinta**：思維、思考，也有內在心理運作的意思，例如焦慮、渴望。chinta與mani兩字經常合譯為「如意寶」或「如意摩尼寶」。

17. **mani**：音譯為「摩尼」，意思是寶，英文字通常翻譯為jewels。

18. **padme**：蓮華，觀世音菩薩屬於佛教的蓮華部，位處宇宙西方的場域。

19. **ru ru**：有人認為是無意義的宇宙聲韻，有人解釋為「快！快！」的模擬聲音。

20. **tistha**：安住，平穩地維持在一種狀態之中。

21. **jvala**：光明。

22. **akarsaya**：召來、喚起，也可翻譯為「召來宇宙的力量」或是「呼喚宇宙的能量」。

23. **hum**：宇宙的聲音，具備強大的力量。hum亦可視為佛陀的聖潔心靈，在金剛乘（vajrayana）中，hum也代表鑽石的力量，具備強大的摧破能量。

24. **phat**：原本是爆破的聲音模擬，象徵摧破障礙而發出的聲響。在大乘佛教中，這個神聖的咒音具有摧破的力量，可以清除「內在、外在與祕密」三種狀態的障礙，協助修行者獲得成就。

28. **svaha**：音譯為「斯瓦哈」，代表「吉祥」的意思，也象徵「完成一件事」，也就是「成就」的意思，因此經常翻譯為「吉祥成就」。

第 ② 咒

解除一切災厄

消災吉祥神咒

講說〈消災吉祥神咒〉這個咒的宇宙智者就是「熾盛光佛」，祂是佛陀身上毛孔放射出的光芒所轉化的身形，是「熾盛光明」所顯現的閃耀力量。念誦此咒，可以去除金、木、水、火、土五種天體運行所帶來的災難，並恢復宇宙能量運轉的秩序。

【咒語小檔案】
1. 翻譯年代：不詳（可推測早於唐代，約618-907年）
2. 譯者：不詳（但可以查詢此咒對應的經《熾盛光大威德消災吉祥陀羅尼經》）
3. 中文全名：消災吉祥神咒
4. 梵語英音：Shantika shri dharani
5. 梵語英譯：The Mantra for Dispersing Calamities and Bringing Auspicious Good Will
6. 核心神聖意識體：熾盛光佛（Teja-probaha Buddha）
7. 經典：《熾盛光大威德消災吉祥陀羅尼經》（譯者：不空金剛）

第2咒　消災吉祥神咒（咒語）

曩謨三滿哆　母馱喃　阿鉢囉底賀多　舍娑曩喃　怛姪他
唵　佉佉　佉呬　佉呬　吽吽　入嚩囉　入嚩囉　鉢囉入嚩囉
鉢囉入嚩囉　底瑟姹　底瑟姹　瑟致哩　瑟致哩　娑登吒
娑登吒　扇底迦　室哩曳　娑嚩訶

---

❶ 傳統漢譯

曩謨三滿哆　母馱喃　阿鉢囉底賀多　舍娑曩喃

梵音

namah samanta budanam apratihata shasananam
（皈依）　（一切）　（諸佛）　（無能勝過的）　（教法）

建議中音

南瑪　薩滿達　布塔南　阿普拉迪哈達　夏沙拿南

意譯

誠敬地將生命交付給一切諸佛與無能勝過的教法。

---

❷ 傳統漢譯

怛姪他

梵音

tadyata
（即說咒曰）

建議中音

達底亞塔

意譯

即說咒曰：

---

❸ 傳統漢譯

唵　佉佉　佉呬　佉呬　吽吽　入嚩囉　入嚩囉　鉢囉入嚩囉
鉢囉入嚩囉　底瑟姹　底瑟姹　瑟致哩　瑟致哩　娑登吒
娑登吒　扇底迦　室哩曳

梵音

om ka-ka　kahi-kahi hum-hum jvala-jvala prajvala-prajvala tista-tista
（宇宙聲音）（虛空！虛空！）（無意義）　（光明-光明）　（熾盛光明-熾盛光明）（安住-安住）
stri-stri　sphat-sphat shantika-shriye
（無意義）　（摧破-摧破）　（息災-吉祥）

建議中音	嗡　卡－卡　嘎西－嘎西　轟－轟　吉瓦拉－吉瓦拉 普拉吉瓦拉－普拉吉瓦拉　提斯塔－提斯塔 斯地里－斯地里　斯帕特－斯帕特　閃提卡－須里耶
意譯	嗡！虛空、虛空！嘎西、嘎西！轟、轟！光明、光明，熾盛光明、熾盛光明，安住於其中，斯地里、斯地里！摧破、摧破，消除災難。

❹

傳統漢譯	娑嚩訶
梵音	svaha （吉祥成就）
建議中音	斯瓦哈
意譯	吉祥成就。

※**重點提醒**：大部分的梵語羅馬音節念誦，都是二個字或三個字為一小節，偶見四個字。本單元的「prajvala」（熾盛光明）是個很好的範例。prajvala拆解成pra-jva-la，傳統漢字音譯為「鉢囉（pra）　入嚩（jva）　囉（la）」，對照現代國語發音比較接近：「普拉（pra）　吉瓦（jva）　拉（la）」。

消災吉祥神咒（白話文）

❶ 誠敬地將生命交付給一切諸佛與無能勝過的教法。

❷ 即說咒曰：

❸ 唵！虛空、虛空！嘎西、嘎西！轟、轟！光明、光明，熾盛光明、熾盛光明，安住於其中，斯地里、斯地里！摧破、摧破，消除災難。

❹ 吉祥成就。

關鍵咒字

1. **samanta**：音譯為「薩滿達」，一切、普遍的意思。
2. **apratihata**：無障礙、無礙、無所危害、無能勝過。音譯為「阿普拉迪哈達」。
3. **shasananam**：聖教、威伏、能伏、大威德。音譯為「夏沙拿南」。
4. **prajvala**：熾熱火焰、熾熱光明。音譯為「普拉吉瓦拉」。
5. **tista**：安住，維持在一種狀態之中。音譯為「提斯塔」。
6. **sphat**：摧破、爆裂。音譯為「斯帕特」。
7. **shantika**：寂靜、寂然的、息災、消除災害。音譯為「閃提卡」。

咒語主要功能

☑ 消災解厄 （天災人禍、厄運）	☐ 淨化業力	☐ 化解冤親債主
☐ 圓滿願望	☐ 增加財富	☐ 增長智慧
☐ 長養慈悲	☑ 提升能量	☑ 健康長壽
☐ 往生淨土 （極樂世界）	☐ 療癒身心	☑ 守護大地

第 2 咒 消災吉祥神咒

一定要認識的咒字

從「寂靜寂然」到「消除災害」的shantika

〈消災吉祥神咒〉有個關鍵咒字shantika，音譯為「閃提卡」。梵字原意隱含著「寂靜、寂然」的意思，也就是「讓一切恢復到寂靜祥和」，所以延伸其意，可翻譯為「息災」或是「消除災害」，這是此咒語最關鍵的語彙。

人的生命有興衰無常，不可能永遠處於巔峰狀態，總會有高潮也有低潮。有些時候會感到活力充沛，有些時候卻又感到有氣無力，全然失去樂觀進取的動力。相同地，宇宙天地也有無法預測的變化，萬物也瞬間剎那地改變，所以佛陀說「無常」是宇宙萬物生命的必然現象。佛陀這位東方智者告訴人們，世界的所有境況都是「非常不穩定，且不停變動的」。當今世界不同種族、國家之間的暴力衝突頻繁，許多人被迫疲累地在亂世中尋求安心立命之處。在佛經《佛說熾盛光大威德消災吉祥陀羅尼經》提到：「受持讀誦此陀羅尼者，能成就八萬種吉祥事，能除滅八萬種不吉祥事。」

佛經中提及天象之災，於國於家，國界不安，災難競起；還有宿世怨家欲相謀害，諸惡橫事、口舌厭禱、咒詛符書等等災難，都可透由〈消災吉祥神咒〉來化解，讓一切擾動恢復到寂靜祥和，也就是shantika的真正意義。

一切生命體與天地同在

整個咒語非常特殊，具有宇宙的環保概念，要人們認知一切生命體是與天地同在的。《佛說熾盛光大威德消災吉祥陀羅尼經》說，天氣風雲驟變、陰陽順轉是自然的現象；風不調雨不順，天地間災難頻傳都是宇宙自然的現象，其中包括颱風、暴雨，非人為的水難、火災。經文解釋這些可能是來自於宇宙天體運轉變異而帶來的結果。人類應該懷抱著慈悲與順服的心，念誦這個〈消災吉祥神咒〉，在混亂、變化多元的自然環境下，進行個人心靈的養護。

一分鐘重點

【第2咒】消災吉祥神咒

- 念誦第二咒〈消災吉祥神咒〉的重點，是召請宇宙的光明能量，此能量來自於宇宙智者「大威德熾盛光如來」，祂是佛陀身上毛孔放射出的熾盛光明所轉化的身形。

- 念誦時請注意三個關鍵咒字。第一個關鍵咒字是prajvala（熾熱光明，音譯為「普拉吉瓦拉」），它可以引動熾盛光明而顯現出閃耀力量。透過這股吉祥的光明，持咒者在修行之中可以平靜而安穩地前進。

- 第二個關鍵咒字是tista–tista（音譯為「提斯塔—提斯塔」），其意義是安住。持咒的同時請觀想自己「安住」或「維持在一種狀態中」。許多的禪定冥想或是入定，都要藉助咒字tista的穩定能量。

- 第三個關鍵咒字是shantika（消除災難，音譯為「閃提卡」），在認真念誦之後，持咒者所處的空間即可進入寂靜祥和的平穩狀態。

咒語詳解

開始的歸敬文

傳統漢譯　　曩謨三滿哆　母馱喃　阿鉢囉底賀多　舍娑曩喃

梵音　　namah samanta budanam apratihata shasananam

建議中音　　南瑪　薩滿達　布塔南　阿普拉迪哈達　夏沙拿南

■ 1. 皈依一切諸佛
namah samanta budanam（南瑪　薩滿達　布塔南）

古印度靈性哲學發現一個善美且具有充沛力量的咒語〈消災吉祥神咒〉，念誦此咒語能夠改變宇宙的能量，同時也可以療癒個人（吉祥）與創造和平的環境狀態（消災）。這不只是在古印度，其他文明國家的一些古老語言，同樣允許人類有意識地、隨心所欲地發揮自身潛藏的力量，這語言即是至誠的情緒、專注的想像及祈請禱告，在這其中同時也包含咒語的念誦。但現在的人類大都已經喪失這樣的溝通能力，而何其有幸的，透過咒語的念誦，可以喚起人類與生俱來的潛藏能力。

首先在咒語一開始，要先純淨自己的心靈，這部分稱為「歸敬文」，然後在「即說咒曰」這四個字之後，瞬間開啟咒語的核心力量。所以，要將〈消災吉祥神咒〉的意思予以口語化，不是件難事。先看namah samanta budanam這三個字，namah音譯為南瑪，此字原形為namas，意思可以是「歸命、皈依」或是「禮敬」，也就是虔心至誠地奉獻；samanta的意思是「一切、普遍」，等同於英文中的universal或是all；budanam的意思是諸佛、眾佛，它與佛陀buddha一詞意思，同源，代表證悟宇宙真理，解脫一切煩惱的狀態。namah samanta budanam三個字的意思，合起來就是「誠敬地將生命交付給一切諸佛」，也就是誠摯地「歸命一切諸佛」或「皈依一切諸佛」。

2. 威伏的教法
apratihata shasananam（阿普拉迪哈達　夏沙拿南）

再看歸敬文中apratihata shasananam這兩個字。其中apratihata可拆解成a+pratihata，a的意思是「無」，是梵文中「否定形式」的字首，而pratihata的意思是「障礙」，兩字合併成「無障礙」。漢語經典中還有「無所危害、無能勝過」的譯法，這是說明諸佛強大的能量，而這個能量是證悟宇宙真理，解脫一切煩惱的智慧能量。接著是shasananam這個梵字，含有「教導」的意義，傳統漢譯經文採用了「聖教、威伏、能伏」的翻譯方式，還有「大威德」的譯法。不過，「大威德」一詞在字面上與shasana的原始意義「教導」實在很難聯想。或許我們可以將apratihata shasananam翻譯成貼切易懂的意思──無障礙的威伏教法。

所以，〈消災吉祥神咒〉整個歸敬文完整的意思是：皈依一切諸佛無障礙的威伏教法，將生命至誠地奉獻給證悟宇宙真理，解脫一切煩惱的諸佛，並接受祂們所擁有的無能勝過的神聖教法。

進入咒語核心，呼喚宇宙的能量

傳統漢譯　怛姪他　唵　佉佉　佉呬　佉呬　吽吽　入嚩囉　入嚩囉
　　　　　鉢囉入嚩囉　鉢囉入嚩囉　底瑟姹　底瑟姹　瑟致哩　瑟致哩
　　　　　娑癹吒　娑癹吒　扇底迦　室哩曳　娑嚩訶

梵音　　　tadyata om ka-ka kahi-kahi hum-hum jvala-jvala prajvala-prajvala tista-tista stri-stri sphat-sphat shantika-shriye svaha

建議中音　達底亞塔　嗡　卡─卡　嘎西─嘎西　轟─轟　吉瓦拉─吉瓦拉
　　　　　普拉吉瓦拉─普拉吉瓦拉　提斯塔─提斯塔　斯地里─斯地里
　　　　　斯帕特─斯帕特　閃提卡─須里耶　斯瓦哈

宇宙萬物是一個龐大整體的系統，這個整體以自然環境為其軀體，而眾生的意識為其靈魂，於是眾生的意識遍布在宇宙萬物之中。〈消災吉祥神咒〉的咒語可與宇宙接軌，讓眾生的意識與宇宙萬物和諧相處，達到吉祥的美善狀態（shriye）。接下來是咒語的關鍵分水嶺——tadyata，常見的意譯是「即說咒曰」或音譯為「達底亞塔」，念完此字之後如同開啟智慧能量的大門，立刻進入咒語的核心：om ka-ka kahi-kahi hum-hum。

1.呼喚宇宙的能量
om ka-ka kahi-kahi hum-hum（嗡　卡一卡　嘎西一嘎西　轟一轟）

古印度的咒語除了人類語言文字可以陳述的咒字，還有單純宇宙能量的咒字，兩相影響喚起深沉的自我意識，在此之中體悟靈性真理，並與宇宙的能量相互共鳴而從中獲得智慧。因此，在誠心念誦之中，奇妙的體驗將會隨之而來，那是種自在平安的狀態。雖不容易，但有時會產生非常強烈的共鳴振盪，幾乎具體可觸，甚至連旁人都可感覺。

om！這個「嗡」字，就是上述單純的宇宙能量聲韻，是呼喚宇宙的根本咒語，是一切咒語的根本。ka-ka的意思是虛空、天空，萬物存在虛空之中，而且彼此互相連結，無限無邊。許多梵文咒語是宇宙的振動音頻，未必有特定的含意，kahi-kahi可能也是其中之一。此梵字被視為一組沒有意義的聲韻，也是代表天地的能量聲韻。不過，還有人提出kahi-kahi代表「破壞」的看法，認為它的威力可以摧毀負面能量的擾動。再看hum！hum！這是兩個常見而且重要的咒字，音譯為「轟」。它是宇宙非常重要的能量聲音，具備強大威猛的力量。此外，hum一字還可視為覺悟者的聖潔心靈（holly mind），在金剛乘的體系，該字還可以代表「鑽石的力量」，也就是佛教中所謂「金剛的力量」，它具備強大的摧破能量，可以平穩來自於負面的能量。

2. 光明的能量世界與禪定狀態

jvala-jvala prajvala-prajvala tista-tista stri-stri（吉瓦拉—吉瓦拉　普拉吉瓦拉—普拉吉瓦拉　提斯塔—提斯塔　斯地里—斯地里）

光明可以克服宇宙的黑暗面，取得其中的平衡之後，才能恢復能量運轉的秩序。〈消災吉祥神咒〉接下來的咒字重點在於「光明」（jvala）這個字。jvala-jvala prajvala–prajvala tista-tista stri–stri 八個字之中就有四個咒語跟光明相關。jvala-jvala 兩個咒字，意思是光明、光明，隨後又是兩個 prajvala，字首 pra 有 great 或 much 的意思，這是代表由 jvala 發展而形成更強大的明光力量，一般翻譯成「熾盛光明」。

光明從何而來？〈消災吉祥神咒〉中負責講說這個咒語的宇宙智者就是「大威德熾盛光如來」，祂是佛陀身上毛孔放射出的熾盛光明所轉化的身形，是 prajvala（熾盛光明）所顯現的閃耀力量。世間幻變無常，喜中有悲，離中帶合，透過這股吉祥的光明平靜而安穩地前進。再看 tista–tista 兩個咒字，這個咒字非常關鍵，意思是「安住」或「維持在一種狀態中」，許多的禪定冥想或是入定，都與此咒字 tista 的穩定力量有著密切的關係。接下來重複的梵字 stri– stri，目前有兩種說法，一種是無意義的咒字或宇宙的聲音，另一種是宇宙星體的看法，此外也有人認為是某個印度女神的名字。大致而言，這個咒語的核心能量就是安住在一種熾盛光明的正面力量之中，這是由熾盛光佛所散發四射的吉祥光芒。

3. 讓一切混亂擾動恢復到寂靜祥和

sphat-sphat shantika-shriye svaha（斯帕特—斯帕特　閃提卡—須里耶　斯瓦哈）

維持在燦爛的明光狀態，才有足夠的能量持續去平息自然環境的災難。最後來到了咒語的關鍵能量音聲：sphat-sphat shantika-shriye svaha。當身處的世界遭遇混亂擾動的不穩定狀態，會面臨種種災難，所以要藉用這個咒語的能量

來摧破粉碎混亂，其中的梵字sphat，意思就是摧破、爆裂。而shantika原本隱含寂靜、寂然的意思，也就是可以讓混亂的狀態轉成寧靜和諧的境域，所以延伸其意，在漢譯經典中翻譯成「息災」，或是「消除災害」。shantika正是這個陀羅尼咒語的最關鍵語彙，一旦完成這個息災的任務，所處的空間即可進入寂靜祥和的平穩狀態，就是shriye一詞所代表的「吉祥、勝利、興旺與繁榮」的和諧狀態。最後是經常出現的咒語svaha，這是咒語的結尾語，意思是吉祥、成就，也就是祝福這個咒語最後帶來了祥和的成就。

咒名解釋

依據唐代佛經翻譯大師「不空金剛」（Amoghavajra, 705-774）翻譯的《熾盛光大威德消災吉祥陀羅尼經》（Prajvalosnisah Dharani Sutra），此佛經內容提及念誦〈消災吉祥神咒〉可以去除金、木、水、火、土五種天體運作所帶來的災難，連結個人潛藏的能量場，引發宇宙的正面能量。

〈消災吉祥神咒〉（The Mantra for Dispersing Calamities and Bringing Auspicious Good Will）三個關鍵字彙分別是消災、吉祥與神咒，拆解此三個字詞，即可對這個咒語有精確的了解，此三個字傳達的概念是：

消災吉祥神咒

1. **消災**：消除災害，源自shantika一字，隱含寂靜、寂然的意思，也就是讓一切恢復到寂靜祥和的狀態，這是〈消災吉祥神咒〉最關鍵的語彙。
2. **吉祥**：念誦此咒可以平息災難，讓所處的空間進入寂靜祥和的平穩狀態，這就是shriye一詞所代表的吉祥、勝利、興旺與繁榮。
3. **神咒**：咒語有兩種類型，分別是代表較長的咒語dharani（音譯「陀羅尼」），以及代表較為簡短的咒語mantra（音譯「曼特羅」），在宗教上稱之為具有特殊力量的語詞或語句。

核心神聖意識體：熾盛光佛

「熾盛光佛」（Teja-probaha Buddha），全名「大威德熾盛光如來」，祂是佛陀身上毛孔所放射出的熾盛光明（prajvala）所轉化的身形。熾盛光佛又名大威德金輪佛頂熾盛光如來、金輪佛頂、熾盛光佛頂、熾盛光如來。當時人們持有熾盛光佛的圖像，相信祂的法相可以驅除來自宇宙天體星宿負面力量所帶來的影響。在唐宋時代密教盛行的時期，熾盛光佛廣受中國人信仰，經典中記載念誦祂的咒語能夠改變宇宙環境的狀態，克服災難，創造和平穩定的境域，這是個美善（shriye）的咒語，如能全神貫注地持誦，便能發揮它的力量。

咒語單字全解

1. **namah**：音譯為「南瑪」，此字的原形為namas，意思是歸命、皈依、禮敬，虔心至誠地奉獻。

2. **samanta**：一切、普遍，等同於英文字universal或是all。

3. **budanam**：諸佛、眾佛，與佛陀（buddha）一詞的意思相同，但為複數。

4. **apratihata**：此字可拆解成a＋pratihata，a的意思是「無」，pratihata的意思是「障礙」，兩字合併成「無障礙」，漢語佛經中還有「無礙、無所危害、無能勝過」的譯法。

5. **shasananam**：源自於shasana一字，帶有「教導」的含意，漢譯為「聖教、威伏、能伏」，還有一個比較特殊的譯法是「大威德」。

6. **tadyata**：即說咒曰，此句是咒語內容的重要分水嶺，之前是歸敬文，其後是咒語的核心內容。

7. **om**：音譯為「嗡」，是宇宙的聲音，具備巨大的力量。在印度古代聖典《奧義書》（Upanishads）中指出「om」的聲韻是一種體悟，主要透由摧破「我執」（ego）的界限，徹底了解神性的真義的狀態。在大乘佛教裡，認為這個咒字是至高無上的「合一」，象徵「物質境域」與「精神境域」融合為一。它既是神祕的聲韻，也是一切咒語的根本。

8. **ka-ka**：虛空、天空。

9. **kahi-kahi**：可能是沒有意義的聲韻，但也有人提出「破壞」的解釋。在日本東密體系中通常解釋為「噉食」，也就是在息災、降伏的咒語中，多半將kahi-kahi的意思延伸為「將不好的東西吃掉」。

10. **hum-hum**：宇宙的聲音，具備強大的力量。hum一字可視為佛陀（覺悟者）的聖潔心靈，在金剛乘（vajrayana）中，這個hum字代表鑽石的

力量，也就是佛教裡所謂金剛（vajra）強大的摧破力量。

11. **jvala**：火焰、光明。

12. **prajvala**：此字可以拆解成pra與jvala，前者pra有great或much的意思，兩字組合成「更強烈炙熱的光明」，所以通常被翻譯成「熾熱火焰」或「熾熱光明」。

13. **tista**：安住，維持在一種狀態之中，還有「現前」（顯現於眼前）與「當下」的譯法。

14. **stri**：意義不明，可能是宇宙的聲韻，或是星星。但也有人認為是印度女神的名稱。

15. **sphat**：摧破、爆裂，隱含「破壞」的意思。

16. **shantika**：隱含寂靜、寂然的意思，也就是讓一切恢復到寂靜祥和的狀態，所以延伸翻譯成「息災」，或是「消除災害」，這是〈消災吉祥神咒〉最關鍵的語彙。

17. **shriye**：吉祥、勝利、繁榮。

18. **svaha**：咒語的常用結尾語，意思是「吉祥、成就」，許多佛典中音譯為「薩婆訶」。

第 ③ 咒

結界，創造清淨空間
功德寶山神咒

經由古老神聖的大地之河，以悲憫的心向宇宙呼喚，讓此咒守護大地，創造清淨空間，消除人類的各種罪行。當人們生命結束時，在此咒護持下，可以前往宇宙西方散發無量光芒的喜樂世界，在那裡繼續追求宇宙智慧。

【咒語小檔案】

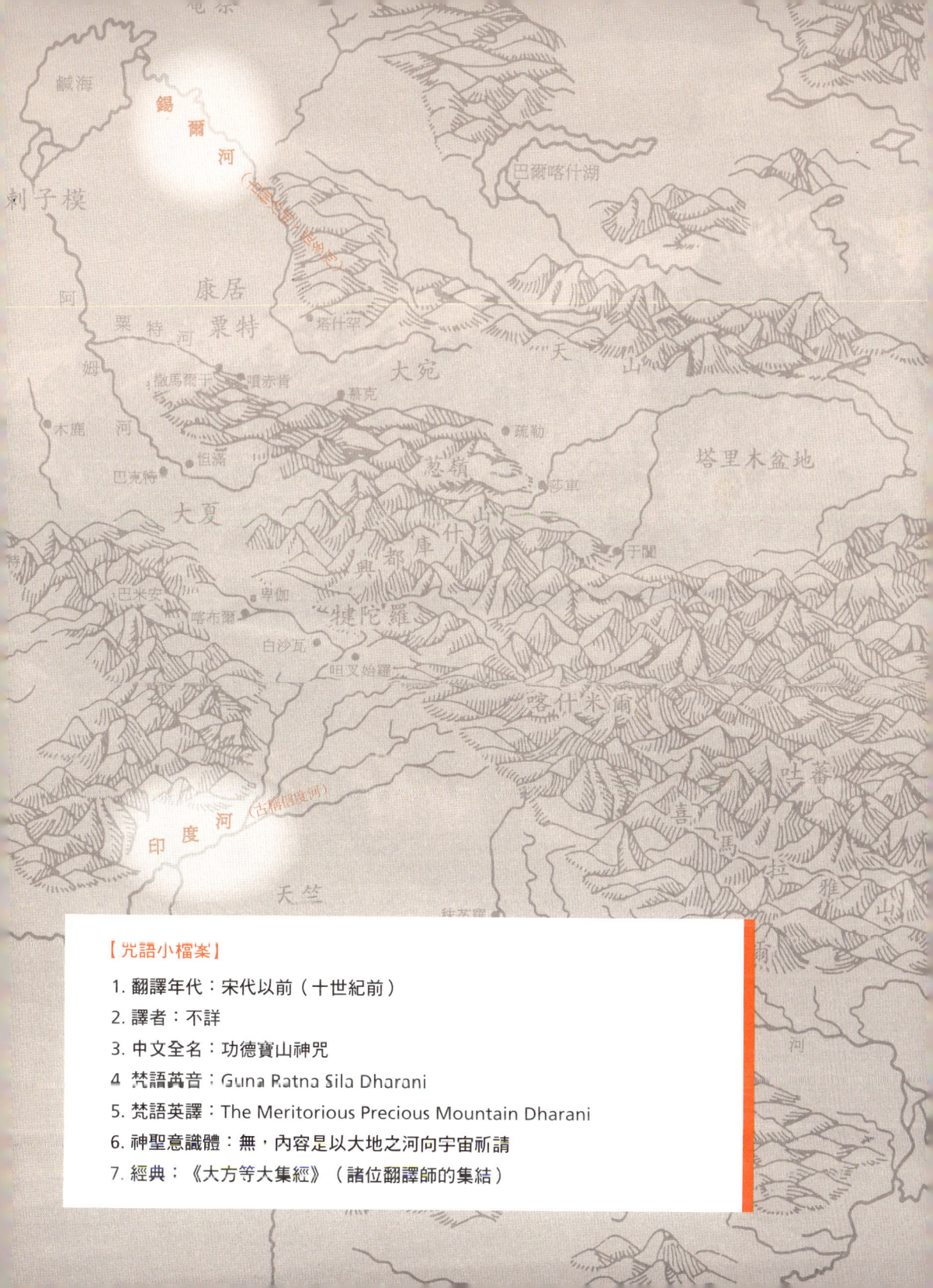

1. 翻譯年代：宋代以前（十世紀前）
2. 譯者：不詳
3. 中文全名：功德寶山神咒
4. 梵語英音：Guna Ratna Sila Dharani
5. 梵語英譯：The Meritorious Precious Mountain Dharani
6. 神聖意識體：無，內容是以大地之河向宇宙祈請
7. 經典：《大方等大集經》（諸位翻譯師的集結）

第3咒 功德寶山神咒（咒語）

南無佛馱耶　南無達摩耶　南無僧伽耶　唵　悉帝護嚕嚕　悉都嚕
只利波　吉利婆　悉達哩　布嚕哩　娑嚩訶

❶

傳統漢譯：南無佛馱耶　南無達摩耶　南無僧伽耶

梵音：namo buddhaya namo dharmaya namah samghaya
（皈依）（佛陀）（皈依）（法）（皈依）（僧伽）

建議中音：南摩　普達亞　南摩　達日瑪亞　南瑪　三嘎亞

意譯：皈依佛陀、皈依法、皈依僧伽。

---

❷

傳統漢譯：唵　悉帝護嚕嚕　悉都嚕　只利波　吉利婆　悉達哩　布嚕哩

梵音：(om)　siddhe huru huru sidhuru　krpa krpa siddhani puruni
（宇宙聲音）（冷河）（祭祀高呼）（信度河祭祀高呼）（悲憫）（完成）（偉大）

建議中音：（嗡）　須碟　呼魯　呼魯　系德呼魯　克利巴　克利巴　系塔尼　普如尼

意譯：嗡！向冷河祭祀高呼！祭祀高呼！向信度河祭祀高呼！悲憫！悲憫！成就偉大的圓滿。

---

❸

傳統漢譯：娑嚩訶

梵音：svaha
（吉祥成就）

建議中音：斯瓦哈

意譯：吉祥成就。

功德寶山神咒（白話文）

❶ 皈依佛陀、皈依法、皈依僧伽。

❷ 嗡！向冷河祭祀高呼！祭祀高呼！向信度河祭祀高呼！悲憫！悲憫！成就偉大的圓滿。

❸ 吉祥成就。

關鍵咒字

1. **Siddhe**：冷河。
2. **huru**：祭祀高呼。
3. **sidhuru**：向信度河高聲呼喚。sid是印度古河信度河，huru的意思是祭祀與高呼。
4. **krpa**：悲憫、親切、慈悲。
5. **siddhani**：完成、成就。
6. **puruni**：允滿盈溢，引申為繁盛、圓滿、偉大。
7. **svaha**：成就、吉祥。

咒語主要功能

☑ 消災解厄 （天災人禍、厄運）	☑ 淨化業力	☑ 化解冤親債主
☑ 圓滿願望	☐ 增加財富	☑ 增長智慧
☑ 長養慈悲	☑ 提升能量	☐ 健康長壽
☑ 往生淨土 （極樂世界）	☐ 療癒身心	☑ 守護大地

一分鐘重點

【第3咒】功德寶山神咒

- 〈功德寶山神咒〉只有十五個咒字，咒音順暢易誦，每個人都可以在極短時間內學會此咒，請現在就把它記住吧！

- 咒字siddhe huru huru sidhuru（音譯為「須礫　呼魯　呼魯　系德呼魯」）是在山河之間呼喚宇宙能量，在抽象的山河之中創造自己純淨的心靈空間。再由krpa krpa（悲憫、親切、慈悲）呼喚宇宙的慈悲能量，這是偉大的生命力量，也是宇宙的智慧能量之一。

- 透過〈功德寶山神咒〉便可連結到慈悲，讓此神咒的慈悲力量來守護大地，消除人類不適當的行為，最後達到盛多滿溢的成就（siddhani puruni）。

- 請記得，持咒時努力去感受慈悲能量灌注於自己的身體，而非反覆單調地重複念誦。另外，佛經還描述在此咒語的護持之下，當生命結束時，帶著此咒滿溢的成就，便可前往宇宙西方一個寧靜美好的場域，在那裡繼續追求宇宙智慧。

咒語詳解

開始的歸敬文

傳統漢譯	南無佛馱耶　南無達摩耶　南無僧伽耶
梵音	namo buddhaya namo dharmaya namah samghaya
建議中音	南摩　普達亞　南摩　達日瑪亞　南瑪　三嘎亞

〈功德寶山神咒〉所召喚的智慧能量，是由療癒個人身體到創造世界的平和狀態。此智慧能量是透過咒語歸敬文namo與namah來喚醒，此二字意譯成「皈依、歸命」，也就是虔心至誠地奉獻給宇宙智慧能量的匯集處，這神祕潛在的智慧能量，在佛教世界中稱它為「佛性」，但不論如何稱呼，每個人都擁有它，而且這個智慧能量也能與他人相互影響，成為涵養萬物能量場的一部分。後來，這個能量被人類擬像化成具備身形的人物，稱為「佛陀」（buddhaya）。歷史上的真實人物釋迦牟尼就是達到佛陀這個境界，那是證悟宇宙真理，解脫一切煩惱的美好狀態。

一如大部分的咒語，在〈功德寶山神咒〉一開始，是心靈上必須虔誠純淨，將生命與意識奉獻給證悟宇宙真理，解脫一切煩惱的美好狀態（佛陀），然後為了尋求宇宙智慧的能量，展開追求覺醒的決心，同時將生命與意識皈依於宇宙自然運行的法則（dharma），以及千年以來致力於守護這法則的僧侶們（samga）。

進入咒語核心，呼喚宇宙的能量

傳統漢譯	唵　悉帝護嚕嚕　悉都嚕　只利波　吉利婆　悉達哩　布嚕哩　娑嚩訶
梵音	(om) siddhe huru huru sidhuru krpa krpa siddhani puruni svaha

建議中音　（嗡）　須碟　呼魯　呼魯　系德呼魯　克利巴　克利巴　系塔尼　普如尼　斯瓦哈

1.在神聖空間祭祀與呼喚

(om) siddhe huru huru sidhuru krpa krpa（〔嗡〕須碟　呼魯　呼魯　系德呼魯　克利巴　克利巴）

印度許多神祕聖潔的環境場域，是修行者靜坐冥想的神聖空間，這些地方可以是真正實體的高山河流，但也可以是個人心靈創製出來的觀想世界。在〈功德寶山神咒〉這個咒語中出現兩條河流——「冷河」（又稱徙多河，今錫爾河）與「信度河」（今印度河），這是咒語的核心。

《阿毘達磨俱舍論》裡詳細記載了這兩條河，說它們是佛典最重要四條河的其中兩條。「信度河」據考證是現在巴基斯坦的印度河，源自喜馬拉雅山泉的雪水。而「冷河」（徙多河）有人推測是錫爾河（Syr Darya，另有其他不同說法），發源自中亞吉爾吉斯的天山山脈，流經佛教重要的聖土費爾干納谷地（Fergana Valley），再流經烏茲別克和哈薩克後，注入鹹海。

這個咒語中的siddhe，傳統佛經音譯為「徙多」，梵語意思是寒冷，故又稱「冷河」。在冷河一詞之後連續跟隨兩個huru，直接音譯成「呼魯！呼魯！」，但也有人將huru拆解成hu（祭祀）與ru（呼喚），意思就是在這條神聖的冷河邊祭祀與高聲呼喚。

〈功德寶山神咒〉中的另一條河是信度河，被隱藏在sidhuru這個咒字內。將sidhuru分成sid（信度河）與huru（祭祀呼喚）兩字，其完整意思是在信度河邊祭祀與高聲呼喚。

〈功德寶山神咒〉一開始便直接進入在這兩條聖河邊祭祀祈禱，向宇宙呼

喚。以「悲憫」的心（krpa，發音接近「克利巴」）去虔誠呼喚，讓此神咒來守護大地的人類，消除他們的罪惡行為。念誦此咒還有另一個護持，即當生命歷程結束，離開我們所處的娑婆世界之後，可前往宇宙西方那個散發無限量光芒（Amitabha）的喜樂世界，在那裡繼續追求宇宙智慧。這些神聖的空間透過咒語，形成一種具有隱喻性的抽象場域，誠心念誦咒語可以接觸到宇宙智慧能量的顯現，或是在觀想之中展現宇宙的奧祕。

此咒中的悲憫之心，也就是「慈悲」，它是偉大的生命力量，也是宇宙的智慧能量之一，藉由持咒便可以連結到慈悲。「慈」指的是給予宇宙生命體平安喜樂，「悲」是能解除宇宙生命體的痛苦，慈悲可以連結萬物，是一股善美的能量。

2.圓滿成就

siddhani puruni svaha（系塔尼　普如尼　斯瓦哈）

大多數的咒語，在結尾時都會發出圓滿成就的訊息。siddhani的意思是成就，puruni原本是水滿而溢出，引申為偉大、盛多、圓滿。〈功德寶山神咒〉在兩條神聖河畔邊祭祀祈禱，呼喚宇宙能量，最後能量充足滿溢，達到圓滿的成就境態。

整個咒語的結尾字是svaha，音譯為斯瓦哈，有「吉祥」的意思，也代表「完成一件事」，因此常被翻譯成「吉祥成就」。其概念是念完這一串咒語，就如同完成一件吉祥的盛事。所以，svaha的成就延續了siddhani的成就，滿載兩種不同層面的成就。最後這三個梵字siddhani puruni svaha的意思是「成就偉大的圓滿，吉祥成就」。

咒名解釋

〈功德寶山神咒〉是從何而來？這個咒語是來自於誰的指導呢？搜遍文獻典籍，似乎線索不多。從咒語內容來看，跟「功德」與「寶山」這二詞的關係又是如何呢？雖然知道此咒與密教有一定的關連，但有關此咒的來源並不清楚，資料甚少。

漢傳大乘佛教有五部重要佛經，分別是《大般若經》、《大寶積經》、《華嚴經》、《大般涅槃經》與《大方等大集經》。只有《大方等大集經》發現〈功德寶山神咒〉的記載。「大方」一詞意指諸位翻譯師的結集，故稱《大方等大集經》，簡稱「大集經」。雖然沒有記載明確的來源，但是此咒的功能倒是很清楚，念誦此咒可以立刻去除所有的惡業（bad karma），即使在今生違犯了非常嚴重的罪業，誦讀此經即可前往阿彌陀佛的美麗淨土，以更高層面的修習境界，輪迴轉世。此外，《密咒圓因往生集》是一部密教咒語的編輯大全，由西夏僧人智廣、慧真等人編集，裡面也約略說明誦持此咒是修習過程中轉世再生的最佳功課。

咒語單字全解

1. **namo**：皈依、歸命。

2. **buddhaya**：佛陀，證悟宇宙真理，解脫一切煩惱的人或狀態。

3. **dharmaya**：法。

4. **namah**：皈依、歸命。

5. **samghaya**：僧伽。

6. **om**：宇宙聲音，一切咒語的根本。

7. **siddhe**：有人譯成「就在這裡」，也有人認為是印度古河徙多河（site）。

8. **huru**：一般音譯為「呼魯」，可以拆解成hu與ru，前者意思是「祭祀」，後者為「高呼」。

9. **sidhuru**：向信度河高聲呼喚。sid是印度古河信度河，huru的意思是祭祀與高呼。

10. **krpa**：悲憫、親切、慈悲。

11. **siddhani**：完成、成就。

12. **puruni**：充滿盈溢，引申為偉大、繁多、圓滿。

13. **svaha**：音譯為「斯瓦哈」，意思是成就、吉祥。

印度河

今日的印度河,古稱信度河,此乃〈功德寶山神咒〉中所說的神聖河流。

第 4 咒

連結宇宙的清淨力量
準提神咒

準提佛母是十方三世諸佛的來源，擁有七千萬如來的能量，可以協助人類獲得智慧、移除負面業力、實現個人願望、征戰勝利、改善人際關係。

【咒語小檔案】

1. 翻譯年代：唐代（618-907年）
2. 譯者：印度僧侶地婆訶羅（Divakara）
3. 中文全名：七俱胝佛母心准提陀羅尼
4. 梵語英音：Chundi Devi Dharani
5. 梵語英譯：Chundi Devi Dharani
6. 核心神聖意識體：準提佛母（Cundi-devi）
7. 經典：《佛說七俱胝佛母心大准提陀羅尼經》（譯者：不空金剛）

第4咒 準提神咒（咒語）

稽首皈依蘇悉帝　頭面頂禮七俱胝　我今稱讚大準提
惟願慈悲垂加護　南無颯哆喃　三藐三菩陀　俱胝喃　怛姪他
唵　折戾　主戾　準提　娑婆訶

---

❶

傳統漢譯　南無颯哆喃　三藐三菩陀　俱胝喃

梵音　namah saptanam-samyaksambudda-kotinam
（皈依）　（七）　　（正等正覺）　　（千萬）

建議中音　**南瑪　薩布他南－三彌亞科三布達－寇帝南**

意譯　誠敬地將生命交付給七千萬個已經證悟宇宙真理的智者，也就是誠摯地「歸命七千萬個證悟智者」或「皈依七千萬個證悟智者」。

---

❷

傳統漢譯　怛姪他

梵音　tadyata
（即說咒曰）

建議中音　**達底亞塔**

意譯　即說咒曰：

---

❸

傳統漢譯　唵　折戾　主戾　準提

梵音　om　　chale chule chunde
（宇宙聲音）（啟動）（生起）（清淨）

建議中音　**嗡　加雷　朱雷　尊碟**

意譯　嗡！啟動呀！生起呀！清淨呀！

❹ 傳統漢譯	娑婆訶
梵音	svaha （吉祥成就）
建議中音	**斯瓦哈**
意譯	吉祥成就。

> **重點提醒**：大部分的梵語羅馬音節念誦，都是二個字或三個字為一小節，較少四個字，例如《心經》中的咒語「gate」（揭諦）。gate的發音不是英文「gate」（門）的讀法，而是分成ga-te兩個音節讀誦，傳統漢字音譯為「揭諦」。這裡的chale念成cha-le（折戾），chule念成chu-le（主戾），chunde念成chun-de（準提）。不過，以現代國語，這三個字的發音比較接近：加雷、朱雷、尊碟。

準提神咒（白話文）

❶ 誠敬地將生命交付給七千萬個已證悟宇宙真理的智者，也就是誠摯地「歸命七千萬個證悟智者」或「皈依七千萬個證悟智者」。

❷ 即說咒曰：

❸ 嗡！啟動呀！生起呀！清淨呀！

❹ 吉祥成就！

備註：傳統課誦本的前面，後人增加了一段祈請文「稽首皈依蘇悉帝，頭面頂禮七俱胝；我今稱讚大準提，惟願慈悲垂加護」。其中的「蘇悉帝」是梵語音譯，蘇（su）的意思是善美，悉帝（siddhi）的意思是成就。

關鍵咒字

1. **saptanam**：數字七。
2. **kotinam**：單位千萬，代表眾多的數字。
3. **chale**：無意義的聲韻，或是啟動。
4. **chule**：無意義的聲韻，或是意譯為生起。
5. **chunde**：傳統佛經音譯為準提或准提，意思是清淨。
6. **svaha**：音譯為斯瓦哈，有「吉祥」的意思，也代表「完成一件事」。

咒語主要功能

☐ 消災解厄 （天災人禍、厄運）	☑ 淨化業力	☑ 化解冤親債主
☑ 圓滿願望	☐ 增加財富	☑ 增長智慧
☐ 長養慈悲	☑ 提升能量	☐ 健康長壽
☐ 往生淨土 （極樂世界）	☑ 療癒身心	☐ 守護大地

第4咒 準提神咒

91

一分鐘重點

【第4咒】準提神咒

- 第四咒的核心咒字chale chule chunde（啟動呀！生起呀！清淨呀！），這麼簡單的咒語，一學就會。雖然字少，卻是「真言之母，神咒之王」。

- 持咒時，要虔誠地將心靈意識交給宇宙七千萬證悟真理的智者，當你至誠地祈請，就等同於召喚七千萬的智慧能量。

- 此咒的關鍵字彙就在準提（chunde，純淨）一字，由它來啟動宇宙純淨的力量，那是一切智慧的源頭，可以讓我們的心靈回復到純淨的初始狀態。它就像是電腦的重整軟體，能重整我們已經混亂污染的意識體。當生命遭逢突然的困難時，更需要此咒的力量。

- 持誦準提咒時，請虔誠地懺悔，以虔敬的心來呼喚宇宙的清淨能量。想像咒語的聲韻啟動宇宙的清淨力量，讓它來淨化自己的罪業，念誦時要努力去想像清淨能量像水或光一樣，灌注或遍照自己的身體。

咒語詳解

開始的歸敬文

傳統漢譯	稽首皈依蘇悉帝　頭面頂禮七俱胝　我今稱讚大準提 惟願慈悲垂加護　南無颯哆喃　三藐三菩陀　俱胝喃
梵音	namah saptanam samyaksambudda-kotinam
建議中音	南瑪　薩布他南－三彌亞科三布達－寇帝南

將自己交給宇宙的智慧能量

namah saptanam-samyak-sambudda-kotinam（南瑪　薩布他南－三彌亞科－三布達－寇帝南）

人類透過語言文字的發明，讓日常生活的智慧得以累積，而帶來「生活秩序的穩定」；咒語的念誦則不同，它超越人類的思考，協助人類直接接收宇宙的智慧能量，獲得「心靈的穩定」。所以，咒語一開始的namah就是一個有效的神奇咒字，音譯為「南瑪」，意譯成「皈依、歸命」，也就是虔心至誠地將心靈與意識交給宇宙的智慧能量。這裡的歸敬文，便是透過幾個咒語虔誠呼喚具備宇宙能量的智者，或是發出與宇宙智慧能量場接軌的頻率。

saptanam是數字七。samyak在梵語中是宇宙真正的、完美的一種狀態，常譯為「正等」。sambudda與sambodhi二字的梵字同源，都可以譯為正覺、正知。這個覺知就如同英文中的correct enlightenment，點燃心中的明光，開啟宇宙智慧。samyak與sambudda兩字合併譯為「正等正覺」，傳統佛經中常見到的音譯「三藐三佛陀」，簡稱「正等覺」。不過，此三藐三佛陀（samyak-sambudda），在意思上，有別於三藐三菩提（samyak-sambodhi）。三藐三菩提是「發起」追求證悟宇宙真理的過程；而三藐三佛陀則是已經「達到」證悟一切宇宙真理，解脫一切煩惱的完美狀態。兩者的差異，一個是證悟進行式，一個是證悟完成式。

接著，梵語數字單位kotinam傳統譯成「俱胝」，這樣的音譯與現代發音差異甚大，其梵音接近「寇帝南」的發音。kotinam的意思是千萬，但也有百萬的說法，無論是千萬或百萬，都是代表眾多的數字。

所以〈準提神咒〉開始的歸敬文意思是：呼喚宇宙七千萬（saptanam kotinam）證悟宇宙真理的智慧者，虔心至誠地奉獻給這個智慧能量，期盼獲得與祂們相同的真正完美的覺知狀態（samyak- sambudda）。

進入咒語核心，呼喚宇宙的能量

傳統漢譯	怛姪他　唵　折戾　主戾　準提　娑婆訶
梵音	tadyata om chale chule chunde svaha
建議中音	達底亞塔　嗡　加雷　朱雷　尊碟　斯瓦哈

▌呼喚準提佛母，啟動宇宙的清淨力量

tadyata的意思是即說咒曰，是咒語內容的重要分水嶺，請記住，tadyata之前是歸敬文，其後才是咒語的核心內容。

om是宇宙的聲音，具備巨大的力量。在印度古代聖典《奧義書》（Upanishads）中指出「om」的聲韻是一種摧破我執的體悟。而大乘佛認為是至高無上的「合一」狀態，象徵物質境域與精神境域的融合為一，它是神祕的音聲，也是一切咒語的根本。chale一字可以是無意義的聲韻，但也有「啟動」的意思。這裡的ch發音接近注音符號的「ㄐ」，或類似英文China中的「ch」，所以chale的發音接近「加雷」。chule也是無意義的聲韻，或是可以意譯成「生起」，chule的發音接近「朱雷」。om這個宇宙的聲韻，是一切咒語的根本，

在〈準提神咒〉由唵字來引發「啟動」（chale）與「生起」（chule）等兩股力量。

Chunde，在傳統佛經中音譯成準提或准提，是這個咒語的核心能量，人類將之擬像化為準提佛母。chunde意譯為「清淨」，發音接近「尊蝶」。這股宇宙的清淨力量（chunde）是三世諸佛的源頭，此清淨力量能將人類、宇宙所有生命體、世界與更高層次的智慧力量連結在一起。雖然，過去、現在和未來的時間不停地變化，但宇宙的智慧能量卻是持續存在的，也就是三世諸佛的智慧持續永恆地存在，不僅如此，七千萬宇宙智慧也是同時存在於宇宙空間。

被尊稱為「真言之母，神咒之王」的〈準提神咒〉，其中om chale chule chunde這四個咒字是透過宇宙的聲音（om）呼喚準提佛母，祈請啟動（chule）準提佛母所代表的清淨能量（chunde），祈請生起（chule）這股力量，一方面移除負面業力，另一方面激發個人潛能，實現個人願望。最後svaha音譯為斯瓦哈，有「吉祥」的意思，也代表「完成一件事」，常被翻譯成「吉祥成就」。

咒名解釋

唐代印度僧侶地婆訶羅（Divakara）所翻譯的《佛說七俱胝佛母心大准提陀羅尼經》寫著：佛陀在舍衛國祇樹給孤獨園時，思維觀察，憫念未來諸眾生的緣故，而宣說「七俱胝佛母心准提陀羅尼法」。這個由佛陀宣說的陀羅尼（dharani）就是本單元的〈準提神咒〉。

准提或準提都是chunde的音譯，意思是「清淨」，祂是宇宙清淨能量的擬人化，被稱為準提佛母。為何稱為佛母呢？經典中寫著祂是諸佛的來源，涵蓋「過去、未來與現在」的諸佛，意思是超越時空的宇宙能量的總匯聚。經名的「七俱胝」，意思是七千萬如來，梵語為saptanam kotina，也是此咒語的關鍵語彙之一。

到底這個咒語的力量有多大呢？唐代有一部重要的密教經典《大教王經》，此經的另一個名稱也就是赫赫有名的《金剛頂經》。裡面寫著：「七俱胝如來三身讚，說準提菩薩真言，能度一切賢聖，若人持誦，一切所求，悉得成就，不久證得，大準提果。是知準提真言，密藏之中，最為第一，是真言之母，神咒之王也……。」再看年代稍近的《四庫全書》，這是中國歷史上規模最大的一套叢書，被視為中國文化的萬里長城，於清乾隆時期（十八世紀）編纂完成，其中收錄許多咒語的靈驗故事，《準提神咒》更是名列第一，足見它的重要性。

▍核心神聖意識體：準提佛母

經典中寫著準提佛母是諸佛的來源，涵蓋「過去、現在、未來」等三世諸佛之母（source），具備了人類難以想像的祈請力量。祂可以協助人類獲取智慧，也能移除負面業力、實現個人願望、征戰勝利、改善與他人的關係。

咒語單字全解

1. **namah**：音譯為「南摩」，字義為「皈依、歸命」，也就是虔心至誠地奉獻。

2. **saptanam**：即數字七。

3. **samyak sambudda**：正等覺。sam梵語的意思是真正的、完美的，samyak一字譯為「正等」，意思是真正、普遍的平等。sambudda與sambodhi梵字同源，意譯為正覺、正知。正覺的「覺」，如同英文中的enlightenment，即點燃心中的明光，開啟宇宙智慧。samyak sambudda即為正等正覺，真正普遍平等的覺悟，亦即佛的覺悟。

4. **kotinam**：數量單位，意思是千萬，但也有百萬的說法，無論是千萬或百萬，都是代表眾多的意思。傳統漢傳佛經中音譯為「俱胝喃」，此音譯與現代發音差異甚大，其梵語真正發音頗接近「寇帝南」，與「俱胝喃」音譯相差甚遠。

5. **tadyata**：字義是即說咒曰。這個字是咒語內容的重要分水嶺，其前是歸敬文，其後為咒語的核心內容。

6. **om**：宇宙的聲音，具備巨大的力量。在印度古代聖典《奧義書》（Upanishads）中指出「om」的聲韻是一種體悟，主要透由摧破「我執」（ego）的界限，徹底了解神性的真義的狀態。在大乘佛教裡，認為這個字是至高無上的「合一」，象徵物質境域與精神境域的融合為一，它是神祕的音律，也是一切咒語的根本。

7. **chale**：無意義的聲韻，或是譯為啟動。梵文的「c」，不念成「k」，而是接近英文China中的「ch」，類似注音符號的「ㄐ」，chale發音接近「加雷」。

8. **chule**：無意義的聲韻，或是譯為生起，發音接近「朱雷」。

9. **chunde**：在傳統佛經中音譯為「準提」或「准提」，字義為「清淨」，發音接近「尊蝶」。

10. **svaha**：音譯為斯瓦哈，有「吉祥」的意思，也代表「完成一件事」，即「成就」的意思，因此常被翻譯成「吉祥成就」。

準提佛母擁有十八隻手臂，有時被視為觀音的變化身形之一，故俗稱「十八手觀音」。其法像近似「千手觀音」的圓形環狀手臂造型，同樣擁有各種持物，於是常讓人誤認此尊為千手觀音。

此圖準提佛母的十八臂各執不同手印或法器，完全符合《佛說七俱胝佛母準提大明陀羅尼經》的記載。先看上二手（上方中央雙手）採說法相（轉法輪印）。再看右手的手印或持物（觀圖者視線的左邊）。右二結施無畏印（施予無畏懼的手印），右三持劍，右四持數珠，右五持微若布羅迦果（西域特殊的果實），右六持越斧（鉞斧），右七持鉤，右八持跋折羅（金剛杵），右九（下方中央處）持寶鬘。最後是左邊諸手，左二持如意寶幢，左二持蓮花，左四持澡灌（無蓋浮水瓶），左五持索（套索），左六持輪，左七持螺，左八持賢瓶（有蓋寶瓶），左九（下方中央處）持般若波羅蜜經夾。

第 5 咒

獲得宇宙智慧的泉源

聖無量壽決定光明王陀羅尼

此咒語的核心力量是召喚永恆的生命,藉由咒語,讓自己的身心靈與象徵永恆生命的「無量壽佛」接軌,延長無量的壽命,並喚起內在永恆的智慧能量,直接體驗宇宙與自我合一的善美境界。

【咒語小檔案】

1. 翻譯年代：宋代（960-1279年）
2. 譯者：法賢
3. 中文全名：無量壽人智決定光明王陀羅尼
4. 梵語英音：Aparimita-ayur-jnana-suvinishchita-tejo-raja Dharani
5. 梵語英譯：The Holy and Infinite Life Illuminating Light King Dharani
6. 核心神聖意識體：無量壽佛

第5咒 聖無量壽決定光明王陀羅尼

唵 捺摩巴葛瓦帝 阿巴囉密沓 阿優哩阿納 蘇必你 實執沓 牒左囉宰也 怛塔哿達也 阿囉訶帝 三藥三不達也 怛你也塔 唵 薩哩巴 桑斯葛哩 叭哩述沓 達囉馬帝 哿哿捺 桑馬兀 哿帝 莎巴瓦 比述帝 馬喝捺也 叭哩瓦哩 娑喝

❶ 傳統漢譯

唵 捺摩巴葛瓦帝 阿巴囉密沓 阿優哩阿納 蘇必你 實執沓 牒左囉宰也 怛塔哿達也 阿囉訶帝 三藥三不達也

梵音

namo bhagavate aparimitayur-jnana su-vinishchita tejo-rajaya
（皈依）（世尊）　　（無量壽-智慧）　　（善決定）　　（光明-王）
tathagataya-arhate-samyak-sambuddhaya
　　（如來-應供）　　（正等-正覺）

建議中音

南摩　巴嘎瓦碟　阿帕里彌塔由日—吉拿拿　蘇—維尼須七塔碟就—拉加亞　塔塔嘎塔亞—阿日哈碟—三彌亞科—三布達亞

意譯

誠敬地將生命交付給被世界尊敬的無量壽智慧，善決定光明王、如來、應供、正等正覺。

❷ 傳統漢譯

怛你也塔

梵音

tadyata
（即說咒曰）

建議中音

達底亞塔

意譯

即說咒曰：

❸ 傳統漢譯

唵 薩哩巴 桑斯葛哩 叭哩述沓 達囉馬帝 哿哿捺 桑馬兀哿帝 莎巴瓦 比述帝 馬喝捺也 叭哩瓦哩

梵音

om　　　sarva sam-skara parishuddha, dharmate gagana samudgate,
（宇宙聲音）（一切）（正行）　　（遍清淨）　（法性）（虛空）（顯現）
svabhava vi-shuddhe, maha-naya parivare
（自性）（善清淨）　　（大-道）（順服跟隨）

建議中音　嗡　薩日瓦　三一斯卡拉　帕里須德哈　達日瑪碟　嘎嘎拿
　　　　　薩母德嘎碟　斯瓦巴瓦　維一修帖　瑪哈一拿亞　帕里瓦里

意譯　嗡！呼喚宇宙聲音。一切正行遍清淨！法性！虛空！生起自性清淨！大道隨行。

---

④

傳統漢譯　娑喝

梵音　svaha
　　　（吉祥成就）

建議中音　斯瓦哈

意譯　吉祥成就。

＊**重點提醒**：熟悉寺院法會的讀者，請注意《佛門必備課誦本》的斷句有誤。但無須在意，當參加寺院早課時，還是繼續跟著法師的節奏念誦。不過，獨自在家修行時，若能理解梵語的正確音譯，肯定有助於啟動這個咒語。以下是兩者的差異。
課誦本斷句：阿巴囉密沓　阿優哩阿納
止確斷句：阿巴囉密沓阿優（aparimitayur）　哩阿納（jnana）

第 **5** 咒　聖無量壽決定光明王陀羅尼

103

聖無量壽決定光明王陀羅尼（白話文）

❶ 誠敬地將生命交付給被世界尊敬的無量壽智慧，善決定光明王、如來、應供、正等正覺。

❷ 即說咒曰：

❸ 嗡！呼喚宇宙聲音。一切正行遍清淨！法性！虛空！生起自性清淨！大道隨行。

❹ 吉祥成就！

備註：傳統課誦本的最開頭多加了「唵」。

關鍵咒字

1. **aparimitayur**：無量壽，指永恆無限的生命。
2. **jnana**：智慧，指超越世間的智慧，一般翻譯成「妙智慧」。
3. **samyak-sambuddhaya**：正等正覺的狀態，或是達到佛陀境界的智者。
4. **arhate**：應供，指佛陀應受人天的供養。
5. **su-vinishchita**：善決定，指超越世俗的善美決定。
6. **parishuddha**：遍清淨，指環繞在清淨的狀態。
7. **dharmate**：法性，指宇宙一切現象的本質或真實性。
8. **samudgate**：生起、出生、產生。
9. **svabhava**：自性，指事物的本質，或者是事物的存在狀態。
10. **vi-shuddhe**：善清淨，指超越世俗界的清淨狀態。

咒語主要功能

☐ 消災解厄 （天災人禍、厄運）	☐ 淨化業力	☐ 化解冤親債主
☐ 圓滿願望	☐ 增加財富	☑ 增長智慧
☐ 長養慈悲	☑ 提升能量	☑ 健康長壽
☑ 往生淨土 （極樂世界）	☐ 療癒身心	☐ 守護大地

第 5 咒　聖無量壽決定光明王陀羅尼

一分鐘重點

【第5咒】聖無量壽決定光明王陀羅尼

- 此咒來自於無量壽佛與文殊菩薩之間的對談，此咒的能量可以徹底提升個人的心靈意識。持咒者藉由這個咒語，能呼喚自己本性中的無限量生命（時間），而且可以追求生命無限的心靈場域（空間），也就是前往無量壽佛的淨土。

- 學習十小咒，可以考慮分成兩個階段，先完成前五咒，然後再慢慢進行後五咒。前五咒中，以此咒的學習難度最高，不僅字詞數量超過20個，部分咒字也不易理解，例如關鍵咒字「法性」（dharmate）與「自性」（svabhava）。要領略與意識相關的詞彙之後，專心念誦，才能讓自己順服於宇宙自然運行的大道。

- 建議先約略了解咒字的含意，以順暢念誦為要，之後再靜下心來了解其中深遠的意識概念，如此效果較佳。

咒語詳解

開始的歸敬文

傳統漢譯	唵　捺摩巴葛瓦帝　阿巴囉密沓　阿優哩阿納　蘇必你　實執沓　牒左囉宰也　怛塔舃達也　阿囉訶帝　三藥三不達也
梵音	namo bhagavate aparimitayur-jnana su-vinishchita tejo-rajaya tathagataya-arhate-samyak-sambuddhay
建議中音	南摩　巴嘎瓦碟　阿帕里彌塔由日─吉拿拿　蘇─維尼須七塔　碟就─拉加亞　塔塔嘎塔亞─阿日哈碟─三彌亞科─三布達亞

1. 誠敬地將生命交付

namo bhagavate aparimitayur-jnana（南摩　巴嘎瓦碟　阿帕里彌塔由日─吉拿拿）

宇宙存在著一股永恆的生命能量，在此姑且稱之為無限量生命，人們將這股力量擬像化成為無量壽佛，並且虔誠地尊奉祂為世間（有生有滅的世界）及出世間（超越生死、無生無滅的世界）共同尊重的佛陀，這樣的智者，在佛教的世界稱為世尊（bhagavate）。namo的意思是誠敬地將生命交付，也就是皈依、禮敬。這個咒語是祈請自己的身心靈，能跟無限量永恆生命（aparimitayur）的智慧能量（jnana）接軌。達到這樣狀態的智慧，不同於「人腦智商」或「聰明才智」的能力，而是涵蓋了「邏輯理性分析」與「身體的感知能力」，還擴大到超越判斷推理的「直覺」能力。呼喚這樣的宇宙智慧時，必須虔誠地將生命皈依給這位無量壽佛，也就是歸敬文namo（皈依）bhagavate（世尊）aparimitayur（無量壽）-jnana（智）的意思。

2.進入智慧,燃起覺醒的決心

su-vinishchita tejo-rajaya tathagataya-arhate-samyak-sambuddhaya(蘇—維尼須七塔　碟就—拉加亞　塔塔嘎塔亞—阿日哈碟—三彌亞科—三布達亞)

su-vinishchita tejo-rajaya tathagataya-arhate-samyak-sambuddhay,一長串看似非常難解的梵音咒語,其實不然,這些梵字都是在描述呼喚這個咒語所達到的宇宙智慧。一旦達到獲取這樣智慧的狀態,就擁有了善決定(su-vinishchita)的能力,這是超越是非對錯與理性分析的決定,融合了直覺判斷與天然感知的決定。這個智慧狀態雖然難以用語言去清楚描述,但可透過禪定冥想或是咒語的聲音頻率,與祂連結,綻放智慧的光明(tejo)。我們一旦連結了這個光明,便會燃起覺醒的決心,在幻變無常的人生中安穩地前進。

rajaya在梵語的意思是王者,達到這樣的智慧境界稱為佛陀(buddha),是覺悟過程中的最高境界,所以稱之為覺悟之王(rajaya)。一旦獲取這樣的智慧能量,可以來去任何的宇宙空間,也就是梵語中的「如來」(tathagataya)一詞。「如來」也是佛陀的十大名號之一,對這個名號的簡約認識是「如過去諸佛那樣的來、那樣的去」,來哪裡?去哪裡呢?達到覺悟成就的智慧狀態,可以「去」到超越世俗的場域;而當依慈悲垂化眾生時,「來」到我們這個世界的空間。

在古印度,人們會以香花、飲食等物品或個人種種的善行,作為佛、法、僧或一切眾生的供養,像這樣的偉大智者應該受到人類與天神的供養,而漢傳的經典就將arhate意譯成「應供」(應受人天供養)或是音譯為「阿羅漢」。一旦達到無量壽佛的圓滿境界,已經能夠真正遍知一切法,是正等正覺的覺知狀態(samyak-sambuddhaya),也可以簡潔地譯成「正遍知」。

進入咒語核心，呼喚宇宙的能量

傳統漢譯 怛你也塔　唵　薩哩巴　桑斯葛哩　叭哩述沓　達囉馬帝　哿哿捺　桑馬兀哿帝　莎巴瓦　比述帝　馬喝捺也　叭哩瓦哩　娑喝

梵音 tadyata om sarva sam-skara parishuddha, dharmate gagana samudgate, svabhava vi-shuddhe, maha-naya parivare svaha

建議中音 達底亞塔　嗡　薩日瓦　三一斯卡拉　帕里須德哈　達日瑪碟　嘎嘎拿　薩母德嘎碟　斯瓦巴瓦　維一修帖　瑪哈一拿亞　帕里瓦里　斯瓦哈

▋ 1. 讓一切圍繞在清靜狀態

om sarva sam-skara parishuddha（嗡　薩日瓦　三一斯卡拉　帕里須德哈）

在宇宙的力量被喚醒之前，人體的潛能是處於冬眠狀態。要喚醒如此非凡的力量，只要誠心地完成歸敬文，接著專注念著「即說咒曰」，就能與宇宙中最威猛的力量連接，其過程好比開啟一扇智慧之門。由即說咒曰（tadyata）正式進入咒語的核心，先透過宇宙聲音「嗡」（om）來召請宇宙永恆生命的這股智慧能量。om可說是一切咒語的根本，由它啟動一切。sarva的意思是一切的（whole）、普遍的（universal）；sam的意思是正確，skara是行為，兩者合併成為正行，也就是宇宙正確運作的行為，換句話說，那是宇宙運行的自然法則，等同於「法性」一詞。隨後在咒語的呼喚中，會進入一種「清淨的狀態」（shuddha），它能清除雜訊，跳躍到不同軌道，而且是全然「圍繞」（pari）在一個清淨的狀態。

om! sarva sam-skara parishuddha，這幾個咒語詞句的意思就是：嗡！呼喚宇宙聲音，一切正行遍清淨！

▌2. 體悟一切現象的本質

dharmate gagana samudgate, svabhava vi-shuddhe, maha-naya parivare svaha（達日瑪碟　嘎嘎拿　薩母德嘎碟　斯瓦巴瓦　維一修帖　瑪哈一拿亞　帕里瓦里斯瓦哈）

《犁俱吠陀》經中的〈創世讚歌〉說，在「開始」之前，連「空無」都不存在，既無空氣，也無天界。當「空無」爆發成空間中的「某種存在」時，宇宙事物就在空與無之間誕生。法性（dharmate）與自性（svabhava）也就是指此存在，並隨著時間與空間組成的連結，聯繫宇宙一切萬有。

法性與自性是非常抽象的概念，法性是什麼？宇宙一切現象的本質，或是這些現象的真實性稱為「法性」（dharmate），這個真實性的真，不是價值判斷的真，而是主導宇宙創造源頭的真，是絕對的真實。另外，在虛空（gagana）中，一切事物顯現的本體或本質，或者事物的存在狀態，可稱為「自性」（svabhava）。就好比人類的存在包含了意識與形體兩部分，意識「透過」形體來自我實現，而不是意識「依賴」形體來自我肯定。軀體會老化，自性不會衰敗。自性是法性的一部分，而法性則藉由自性來彰顯。在〈聖無量壽決定光明王陀羅尼〉的呼喚下，dharmate（法性）、gagana（虛空）、samudgate（顯現、生起）、svabhava（自性）四個字喚醒人類的本體或本質，了解自己的意識，體會宇宙的存在，讓意識與軀體隨順跟隨（parivare）宇宙自然運行的法則（naya），遠離本末顛倒的關係。

所以，dharmate gagana samudgate, svabhava vi-shuddhe是透過咒語呼喚法性！虛空！生起自性清淨！而maha-naya parivare svaha是順服跟隨大道法則，也就是跟著宇宙自然運行的大道往前走，達到吉祥的成就。

核心神聖意識體：無量壽佛

〈聖無量壽決定光明王陀羅尼〉的核心力量是永恆無限的生命，稱為無量壽（amitayus），與另一股智慧能量阿彌陀（amitabha，無限量光芒）是同一來源。前者強調時間的無限，後者是空間的無限。這兩股能量，印度古代智者早就知道祂們的存在，直到第四世紀左右，佛教把這兩股能量擬人化，分別稱為無量壽佛與阿彌陀佛，方便修行者去尊崇與信仰。

佛教認為祂們是來自宇宙西方的超級能量場，具有強大的智慧（jnana）能量，超越凡常人的智慧，稱為「妙智慧」。祂們也擁有一種善決定（su-vinishchita）的能力，這是超越了是非對錯與理性分析的決定，佛教稱為「妙觀察智」。這個智慧能量透過古老的語言祕密地流傳下來，雕刻在寺廟牆壁、泛黃的佛經，或者融入修行者日常生活的誦念之間，療癒眾生，並實現內心最深層的渴望及偉大的理想。

聖無量壽決定光明王陀羅尼

1. **聖無量壽**：此咒語核心人物──無量壽佛。
2. **決定**：是指一種帶有直覺意識，超越世間邏輯思維的洞見。
3. **光明**：此一智慧境界所顯現出來的能量光芒。
4. **王**：覺悟過程中的最高境界，也就是覺悟之「王」。
5. **陀羅尼**：梵語dharani的音譯，意思是咒語。

咒語單字全解

1. **namo**：皈依、禮敬。

2. **bhagavate**：世尊，佛陀的尊號之一，為世間及出世間共同尊崇的人。

3. **aparimitayur**：aparimitayur是aparimit（無限量）與ayur（壽）兩個字詞的連接。無量壽，指永恆無限的生命。

4. **jnana**：智慧，指超越一般世間能理解的智慧，一般翻譯成「妙智慧」，是直覺、理性分析與感知能力的總和。

5. **su-vinishchita**：善決定，指超越世俗界的決定。

6. **tejo**：光明。

7. **rajaya**：王。

8. **tathagataya**：如來。

9. **arhate**：音譯為阿日哈碟，意譯為應供，完整的概念是「佛陀應受人類與天神的供養」。

10. **samyak-sambuddhaya**：正等覺，指正等正覺的狀態。這種覺知狀態是達到佛陀的境界，因為能夠真正遍知一切法，所以除了正等覺，又譯為正遍知。

11. **tadyata**：即說咒曰。

12. **om**：宇宙聲音，一切咒語的根本。

13. **sarva**：一切。

14. **sam-skara**：正行，指正確的行為。

15. **parishuddha**：遍清淨，pari是圍繞、環繞的意思，shuddha是清淨的狀態。兩字合併即是一種全然圍繞在清淨的狀態。

16. **dharmate**：法性，指一切現象的本質或真實性。

17. **gagana**：虛空。

18. **samudgate**：出生、產生、生起、顯現於面前。

19. **svabhava**：自性，指事物的本體、本質，或者是事物的存在狀態。

20. **vi-shuddhe**：善清淨。vi是善，shuddhe是清淨。

21. **maha**：大。

22. **naya**：道、法則，接近英語的rule。也可以譯成方法，接近英語的way。

23. **parivare**：親近、跟隨、順從。

24. **svaha**：吉祥、成就。

> **重點提醒**：第五咒的咒字內容相當豐富，有不少佛教專用詞彙，例如：遍清淨（parishu-ddha）、法性（dharmate）、虛空（gagana）、生起（samudgate）、自性（svabhava）。請讀者盡量熟悉第五咒的所有梵字，熟悉這些咒字後，對於咒語的學習有很大的助益。十小咒中只有第五咒〈聖無量壽決定光明王陀羅尼〉與第十咒〈大吉祥天女咒〉在學習上比較辛苦，其餘都不是很難。

無量壽佛

此咒的核心人物是無量壽佛，持咒者藉由這個咒語能呼喚自己本性中的無限量生命（時間），而且可以追求生命無限的心靈場域（空間），也就是前往無量壽佛的淨土。

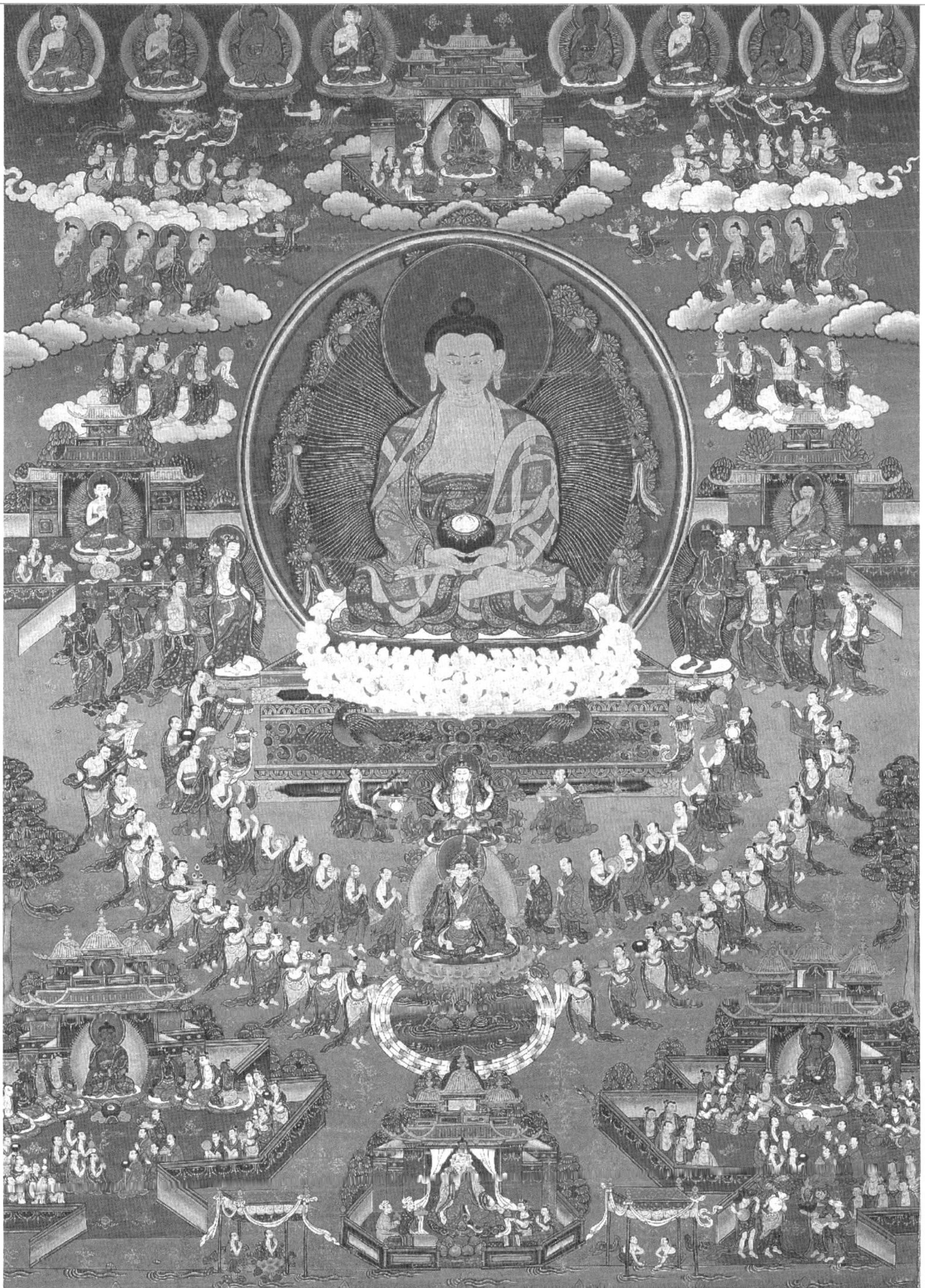

第 6 咒

療癒身心的宇宙聖藥
藥師如來灌頂眞言

擅長醫藥的導師藥師如來，居住在宇宙東方的場域，稱為「東方淨琉璃世界」，是個無量清淨的光明體。祂可以療癒身體與心靈兩種層面的痛苦，讓人們在溫暖明光的照耀下，進入安穩和樂的狀態。

【咒語小檔案】

1. 翻譯年代：唐代（618～907年）
2. 譯者：一行禪師
3. 中文全名：藥師如來灌頂真言
4. 梵語英音：Bhaisajya-Guru Vaidurya Prabhasa Tathagata Abhisecani Dharani
5. 梵語英譯：The Medicine Master Lapis Lazuli Radiant Tathagata Consecration True Words
6. 核心神聖意識體：藥師如來
7. 經典：《藥師瑠璃光如來本願功德經》（譯者：玄奘）

第6咒 藥師如來灌頂真言（咒語）

南謨薄伽伐帝　鞞殺社　窶嚕　薛琉璃　鉢喇婆　喝囉闍也
怛他揭多也　阿囉喝帝　三藐三勃陀耶　怛姪他　唵
鞞剎逝　鞞剎逝　鞞剎社　三沒揭帝　莎訶

❶

傳統漢譯　南謨薄伽伐帝　鞞殺社　窶嚕　薛琉璃　鉢喇婆　喝囉闍也
　　　　　怛他揭多也　阿囉喝帝　三藐三勃陀耶

梵音　　namo bagavate baisajya-guru-vaidurya-praba-rajaya tathagataya
　　　（皈依）（世尊）　　　（藥-師-琉璃-光-王）　　　　（如來）
　　　　arhate samyaksambudaya
　　　（應供）　（正等正覺）

建議中音　南摩　巴嘎瓦碟　拜莎賈―古魯―外度里亞―普拉把―拉加亞
　　　　　塔塔嘎塔亞　阿日哈碟　三彌亞科三布達亞

意譯　　誠敬地將生命交付給被世界尊敬的藥師琉璃光王、如來、應供、正等正覺。

❷

傳統漢譯　怛姪他

梵音　　tadyata
　　　（吉祥成就）

建議中音　達底亞塔

意譯　　即說咒曰：

❸

傳統漢譯　唵　鞞剎逝　鞞剎逝　鞞剎社　三沒揭帝

梵音　　om　　　baisajye baisajye baisajya samudgate
　　　（宇宙聲音）（藥）　　（藥）　　（藥）　　（生出）

建議中音　嗡　拜莎傑　拜莎傑　拜莎賈　薩母德嘎碟

意譯　　嗡！藥、藥！藥顯現出來！

❹ 傳統漢譯	莎訶
梵音	svaha （即說咒曰）
建議中音	**斯瓦哈**
意譯	吉祥成就。

藥師如來灌頂真言（白話文）

❶ 禮敬世尊、藥師、琉璃光王、如來、應供、正等正覺。

❷ 即說咒曰：

❸ 嗡！藥、藥！藥顯現出來！

❹ 吉祥成就！

關鍵咒字

1. **bagavate**：世尊，代表世間及出世間共同尊崇的人。
2. **baisajya**：藥。
3. **guru**：導師。
4. **vaidurya**：琉璃。
5. **praba**：光。
6. **rajaya**：王。
7. **tathagataya**：如來。
8. **samudgate**：出生、產生、生起、顯現。

咒語主要功能

☐ 消災解厄
（天災人禍、厄運）

☐ 淨化業力

☐ 化解冤親債主

☐ 圓滿願望

☐ 增加財富

☐ 增長智慧

☐ 長養慈悲

☑ 提升能量

☑ 健康長壽

☑ 往生淨土
（東方淨琉璃世界）

☑ 療癒身心

☐ 守護大地

一分鐘重點

【第6咒】藥師如來灌頂真言

- 藥師咒共有十七個咒字，不長也不短。安排在十小咒的第六咒是絕佳的位置，之前連續祈請五個咒，此時暫且舒緩稍稍休息。

- 此咒代表宇宙東方的療癒能量，念誦藥師咒能生起（samudgate）淨化身體與心靈的宇宙聖藥（baisajya），samudgate及baisajya是此咒重要的兩個咒字。

- 請注意，持咒一開始時，要在腦海中認真觀想藥師如來的藍色身形，想像祂如同琉璃（vaidurya）般純淨清透，是個無量清淨的光明體。

- 當處於病痛的狀態時，要先虔誠告訴藥師佛，自己的病痛之處，以誠摯的心來呼喚祂所具備的神奇療癒力，同時要努力去感受藥師如來的慈悲能量，而非只是反覆單調地重複念誦，讓咒語的聲韻連結藥師佛的神聖力量，將宇宙聖潔的藥能超越時空限制而顯現出來。

- 如果沒有病痛，也要經常念誦藥師咒，因為不只可增強生理上的免疫力，同時也可以增強心靈上的療癒能力，讓自己的身體、細胞及心靈意識，進入祥和健康的境界。

咒語詳解

開始的歸敬文

傳統漢譯 南謨薄伽伐帝　鞞殺社　窶嚕　薛琉璃　鉢喇婆　喝囉闍也　怛他揭多也　阿囉喝帝　三藐三勃陀耶

梵音 namo bagavate baisajya-guru-vaidurya-praba-rajaya tathagataya arhate samyaksambudaya

建議中音 南摩　巴嘎瓦碟　拜莎賈─古魯─外度里亞─普拉把─拉加亞　塔塔嘎塔亞　阿日哈碟　三彌亞科三布達亞

1. 身心能量虛弱時，皈依琉璃光王　namo bagavate baisajya-guru-vaidurya-praba-rajaya
2. 呼喚萬物無形的源頭　tathagataya arhate samyaksambudaya

1.身心能量虛弱時，皈依琉璃光王

namo bagavate baisajya-guru-vaidurya-praba-rajaya（南摩　巴嘎瓦碟　拜莎賈─古魯─外度里亞─普拉把─拉加亞）

在身體能量虛弱的時候，念誦藥師如來的咒語是一個很好的選擇。在咒語開始的歸敬文，至誠地將心識奉獻（namo）給這位被世人尊敬（bagavate，世尊）的智慧泉源。將自己的心停留在純然祥靜的境界當中，然後持續地持咒，去感受個人身體的存在、呼吸的節奏，以及感官的覺知。不帶任何價值判斷，感受身體的內在反應，專心念誦祈請藥師（baisajya-guru）的指導與保護。

透過咒語的聲韻，可以進入無形無相的境界，尋求學習真正解脫的智慧，真誠地皈依給這位琉璃光王（vaidurya-praba-rajaya）。琉璃的梵語為vaidurya，發音接近「外度里亞」，此字經過考證，在印度古代是指一種藍色寶石，名

為「青金石」（lapis lazuli），這剛好符合藥師如來藍色的身形。當我們專注持咒，在重複的聲韻振動下忘卻思維的運作，這樣的狀態將會擺脫自身的限制，超越邏輯思考的認知，融入藥師如來的那股智慧明光（praba）。

2. 呼喚萬物無形的源頭

tathagataya arhate samyaksambudaya（塔塔嘎塔亞　阿日哈碟　三彌亞科三布達亞）

而藥師的宇宙智慧是萬物無形的源頭，超越語言文字所能描述的智慧，是已經達到證悟的最高境界，所以稱為覺悟之「王」（rajaya）。因為祂的智慧能量可以來去任何的宇宙空間，也就是「如來」（tathagataya）一詞的意思。來哪裡？又是去哪裡呢？藥師已經達到覺悟成就的智慧狀態，可以自在地「去」到超越世俗的寂靜場域。當祂以慈悲之心垂化眾生的時候，就會「來」到我們這個娑婆世界，療癒眾生身體與心靈的苦痛。

藥師如來的療效能力與慈悲守護眾生的心識願力，值得人類與天神的供養，所以尊稱祂為「應供」（arhate，應受人天供養），或是傳統拼音為「阿羅漢」。祂的智慧已經是完美的證悟境界，透徹宇宙真理，解脫一切煩惱，我們尊稱這樣的智慧境界為「正等正覺」（samyaksambudaya）。

整個歸敬文的完整意思就是：至誠地奉獻給世尊（bagavate）藥師（baisajya-guru）琉璃光王（vaidurya-praba-rajaya）如來（tathagataya）應供（arhate）正等正覺（samyaksambudaya）。這六種不同的尊稱，都代表了藥師不同的特性。

進入咒語核心，呼喚宇宙的能量

傳統漢譯　　怛姪他　唵　鞞剎逝　鞞剎逝　鞞剎社　三沒揭帝　莎訶

梵音　　tadyata om baisajye baisajye baisajya samudgate svaha

建議中音　達底亞塔　嗡　拜莎傑　拜莎傑　拜莎賈　薩母德嘎碟　斯瓦哈

即說咒曰（tadyata）之後，立刻進入咒語的核心。先呼喚宇宙強大的聲韻「嗡」字（om），由它來啟動後面最關鍵的咒字「藥」（baisajye、baisajya），發音分別是「拜莎傑」與「拜莎賈」。此咒連續呼喚「藥！藥！藥！」。接著的samudgate是動態語詞，除了產生、生起的意思之外，還有顯現、顯露的意思。這個字的念法，接近「薩母德嘎碟」。這個咒字結合om的力量，祈請藥師如來讓藥生起，讓藥顯現而出。

▋增強生理的免疫力，提升心理的療癒力

〈藥師如來灌頂真言〉是能量非常充沛的咒語，誦讀此咒不只可以增強生理上的免疫力，同時也可以增強心理上的癒癒能力，後者可以保護我們不受外在負面能量的干擾，讓藥師佛的正面能量來協助眾生，將負面的能量阻絕在外，例如憤怒、恐懼、沮喪等情緒。每當覺得需要增強個人的免疫力時，請使用這個簡單卻相當有效的念咒方法，平緩用心地念出om baisajye baisajye baisajya samudgate，也就是：嗡！藥、藥！藥顯現出來！

完成任務之後，最後還要念誦一個咒字「斯瓦哈」（svaha），來表示吉祥成就。斯瓦哈除了是咒語結尾的祝福詞之外，在古代使用此咒字的狀態是「手捧供物給諸神的感歎詞」，意思是「好好地放置」或「安住不退轉」，所以也可以解釋成好好地安置這些咒語，讓這些咒語的能量安住不退轉，讓藥師如來的藥源源不斷。

核心神聖意識體：藥師如來

唐代一行禪師（683-727）不僅是個優秀的僧侶，也是一位天文學家。〈藥師如來灌頂真言〉便是由他所翻譯。此咒的核心人物是藥師如來（baisajya-guru），可以療癒眾生在身體與心靈兩種層面的痛苦。這位擅長醫藥（baisajya，音譯為「拜莎賈」）的導師（guru）居住在宇宙東方的場域，在祂還未成佛之前，曾立下了十二個大願，真誠奉獻與誓願守護所有眾生的身體免於病痛的折磨。除了肉體的痛苦之外，在精神層面也可以在祂的協助下，遠離貪心、瞋恨、執著所帶來情緒上的苦痛。

此外，另一部由唐代譯經大師玄奘所譯的《藥師琉璃光如來本願功德經》，經中寫著，念誦藥師如來的咒語，整個大地將會充滿能量而劇烈震動，並釋放出強大的光明，讓人們在溫暖光明的照耀之下，解除一切的疾病與痛苦，然後進入一種安穩和樂的狀態。如果有所祈請，只要至誠至心地念誦〈藥師如來灌頂真言〉，即可遠離疾病，並且延長壽命。而且在此咒語的護持之下，當生命結束時，可以前往藥師如來在東方寧靜美好的場域。

藥師如來的咒語是不可名狀、不可思議和不可想像的，祂存在的世界是一個無比寂靜的祥和的場域，如同琉璃（vaidurya）般純淨清透，充滿喜悅和強烈的活力，這個美好的淨土據說是在宇宙的東方，稱為「東方淨琉璃世界」（vaiduryanirbhasa），是個無量清淨的光明體，佛經中曾提到這個淨土的莊嚴與此淨土眾生的福樂。藥師如來不只是在祂的淨土引領眾生，祂的智慧能量也能照顧娑婆世界的眾生，就如同天上的日月，光明照耀到大地來一樣。

咒語單字全解

1. **namo**：音譯為「南摩」，意譯為「皈依、歸命」，等同於虔心至誠地奉獻。

2. **bagavate**：尊敬的、可敬的。傳統翻譯成「世尊」，是佛陀的尊號之一，代表世間及出世間共同尊崇的人。

3. **baisajya**：藥。

4. **guru**：導師。

5. **vaidurya**：琉璃。

6. **praba**：光。

7. **rajaya**：王。

8. **tathagataya**：如來。

9. **arhate**：音譯為「阿日哈碟」，意譯為應供。完整的概念是「佛陀應受人類與天神的供養」。

10. **samyak**：傳統佛經音譯為「三藐」，意思是正確的、徹底的、完整的。

11. **sambudaya**：傳統佛經音譯為「三菩提」，意思是正覺。

12. **tadyata**：即說咒曰。

13. **om**：宇宙聲音，一切咒語的根本。

14. **baisajye**：藥。

15. **samudgate**：出生、產生、生起。

16. **svaha**：音譯為「斯瓦哈」，吉祥、成就。

藥師如來

此咒的核心人物是藥師如來，是擅長醫藥的導師，居住在宇宙東方的場域。在祂還未成佛之前，曾立下了十二個大願，真誠奉獻與誓願守護所有眾生免於身體與心靈兩種層面的痛苦。

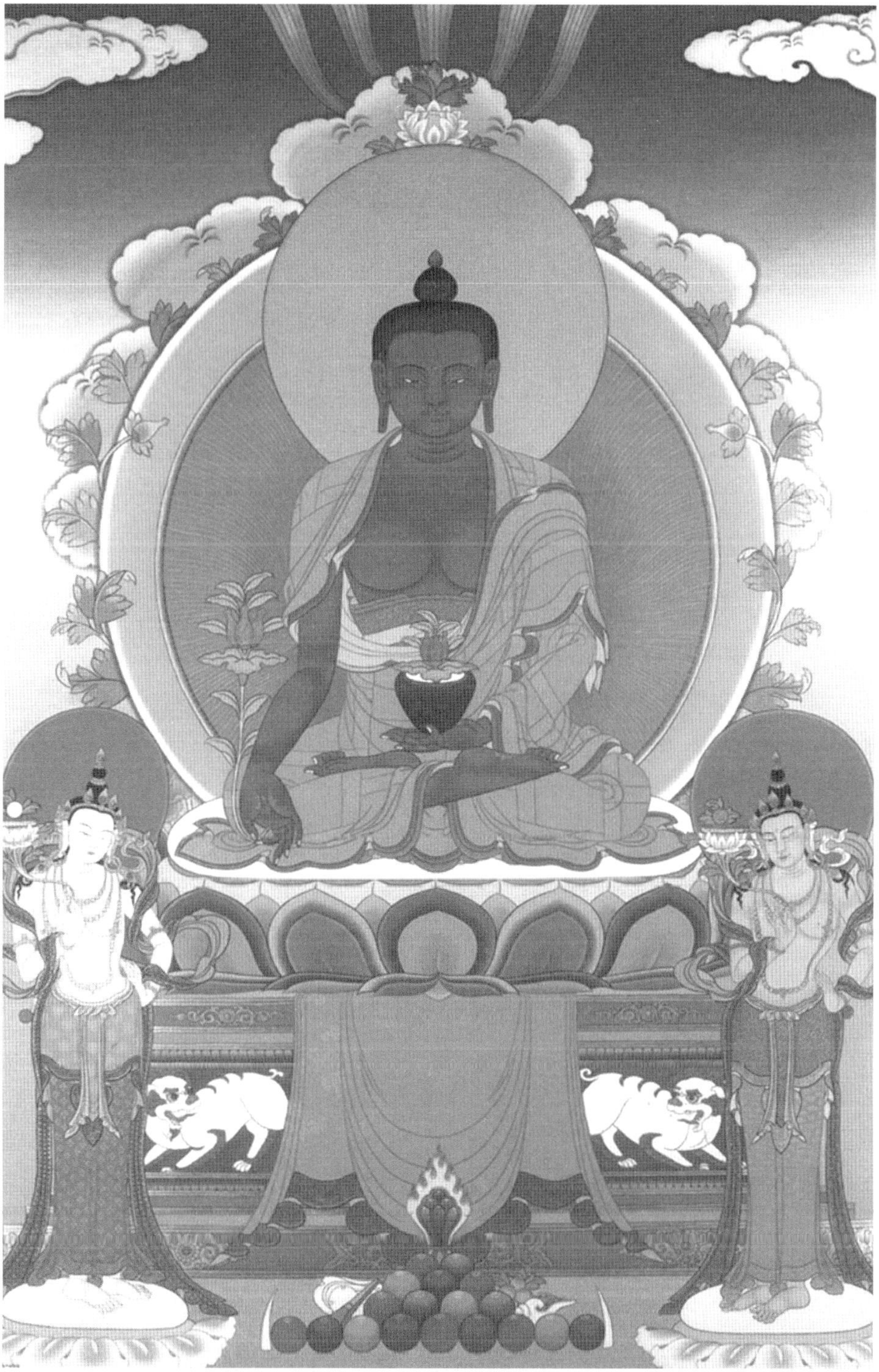

第 ⑦ 咒

開展慈悲與智慧

觀音靈感眞言

此咒語讓你釋放巨大的慈悲能量，引領你跨越心智的困頓，遠離苦難，並協助你走向覺醒之路，體悟宇宙的真實力量。

【咒語小檔案】

1. 翻譯年代：不詳
2. 譯者：不詳
3. 中文全名：觀音靈感真言
4. 梵語英音：Aryavalokiteshvara Bodhisattva Vikurvana Dharani
5. 梵語英譯：The True Words to Bring a Response from The Noble Avalokiteshvara
6. 核心神聖意識體：觀世音菩薩

第7咒　觀音靈感真言（咒語）

> 唵　嘛呢叭彌吽　麻曷倪牙納　積都特巴達　積特些　納微達哩
> 葛　薩而幹而塔　卜哩　悉塔葛　納補囉納　納卜哩　丟忒班納
> 哪麻　嚧吉說囉耶　莎訶

❶
傳統漢譯　唵　嘛呢叭彌吽

梵音　**om　mani padme hum**
（嗡）（摩尼寶）（蓮花）（轟）

建議中音　**嗡　瑪尼　帕德美　轟**

意譯　嗡！禮敬蓮中寶！轟！

---

❷
傳統漢譯　麻曷倪牙納　積都特巴達　積特些　納微達哩葛　薩而幹而塔　卜哩　悉塔葛

梵音　**maha-jnana chitta-utpada chittasya na-vitarka sarva-artha bhuri siddhaka**
（大-智慧）（心-生起）（心的）（不-尋求分析）（一切-義）（豐富）（成就）

建議中音　**瑪哈—吉那那　七塔—烏德帕達　七塔沙亞　那—維塔日卡　薩日瓦—阿日他　普里　西達卡**

意譯　偉大的智慧！生起菩提心！遠離尋伺的心！（體會）一切意義與價值！滿溢豐富的成就！

---

❸
傳統漢譯　納補囉納　納卜哩　丟忒班納

梵音　**na-purana na-pratyutpanna**
（無-古代）（無-現在）

建議中音　**那—普拉那　那—普拉地由塔帕那**

意譯　沒有古代，也沒有現在！

132

❹

傳統漢譯　哪麻　嚧吉說囉耶　莎訶

梵音　namo lokeshvaraya svaha
　　　（皈依）　（自在）　（吉祥成就）

建議中音　南摩　洛給須瓦拉亞　斯瓦哈

意譯　南摩世自在，吉祥成就！

*重點提醒：熟悉寺院法會的讀者，請注意《佛門必備課誦本》的部分斷句有誤。不過，無須在意，當你參加寺院早課時，還是繼續跟著法師的節奏念誦。在家自修時，如果能理解梵語的正確音譯，肯定有助於啟動這個咒語。以下是兩者的差異。
　　　課誦本斷句：積特些納　微達哩葛
　　　正確斷句：積特些（chittasya）　納微達哩葛（na-vitarka）

觀音靈感真言（白話文）

❶ 唵！禮敬蓮中寶！轟！

❷ 偉大智慧！生起菩提心！遠離尋伺的心！（體會）一切意義與價值！滿溢豐富的成就！

❸ 沒有古代，也沒有現在！（超越古代或過去，超越現代。）

❹ 南摩世自在，吉祥成就！

關鍵咒字

1. **jnana**：智慧，指超越世間能理解的智慧，一般翻譯成「妙智慧」。
2. **chitta-utpada**：啟動思考，意思是發心、開展菩提心。
3. **vitarka**：傳統佛經譯為「尋伺」，意思是尋求、探索與分析，即對事物的道理進行粗略的思考作用。
4. **sarva**：一切。
5. **artha**：意義、道理、價值、目的。
6. **bhuri**：豐富、豐盛、充沛。
7. **purana**：往世書，是一類古印度文獻的總稱。梵語原意為古代的或古老的。
8. **pratyutpanna**：顯現於前，意思是現在。

咒語主要功能

☐ 消災解厄 （天災人禍、厄運）	☐ 淨化業力	☐ 化解冤親債主
☑ 圓滿願望	☐ 增加財富	☑ 增長智慧
☑ 長養慈悲	☑ 提升能量	☐ 健康長壽
☐ 往生淨土 （極樂世界）	☐ 療癒身心	☐ 守護大地

註：此咒語之功效無所不包，圖中僅勾選咒字的核心功能。

第 7 咒 觀音靈感真言

一分鐘重點

【第7咒】觀音靈感真言

- 佛教最能代表宇宙慈悲能量的神聖意識體是觀自在菩薩，在十小咒中觀自在菩薩溫暖的能量共出現兩次，分別在第一咒與第七咒，足見慈悲的重要性。提醒讀者，觀自在菩薩即是觀音菩薩。

- 慈悲的概念之下，宇宙萬物是相互連結的，不論相隔多遠，都能互相感應。懷抱慈悲之心來念誦咒語，不僅提供了自身解決問題的能量，也將能量轉化給相連結的一切生命體，這是多麼美好而神聖的事情。

- 〈觀音靈感真言〉並非典型的咒語結構，沒有明確的歸敬文，不過，此咒一開始是大家所熟悉的om mani padme hum（嗡嘛呢唄咪吽），可以等同於歸敬文。（註：此咒傳統音譯為「嗡嘛呢叭彌吽」。）

- 首先，我們在腦海裡必須認真觀想在一朵蓮花中展開了寶物的畫面，同時理解珍寶mani是代表宇宙的陽性能量，是慈悲能量的匯聚處；而蓮花padme則是象徵宇宙的陰性能量，是智慧能量的中心泉源。在《心經》中，觀自在菩薩引領眾生到彼岸去獲取宇宙智慧，而〈觀音靈感真言〉同樣也是在引導我們的「心靈意識」，進入深層心識、感官覺知、理性分析，還有直覺式的心靈感應，達到智慧的提升。

- 此咒首先呼喚大智（maha jnana）這股宇宙大能量，然後啟動追求覺醒的心（chitta-utpada），接著超越邏輯分析的心識（chittasya na-vitarka），如此才可體會宇宙一切事物的真實意義、價值與道理（sarva-artha bhuri siddhaka）。

- 雖然此咒只有十六個咒字，但都是觀自在菩薩協助我們提升智慧的重要咒語，特別是上述這幾個咒字意義深遠，雖然不容易了解，但請認真記住。

咒語詳解

六字大明咒，在純淨的蓮花展開寶物

傳統漢譯	唵　嘛呢叭彌吽
梵音	om mani padme hum
建議中音	嗡　瑪尼　帕德美　轟

▍摧破一切黑暗愚痴的負面力量

一般的咒語，通常具備❶以「南摩」為開始的歸敬文、❷即說咒曰、❸咒語核心、❹結尾詞「斯瓦哈」的吉祥讚詞等四個部分。〈觀音靈感真言〉沒有這樣的結構，特別是沒有即說咒曰（tadyata）的關鍵結構。此咒一開始即是著名的「嗡嘛呢叭彌吽」，因為中文音譯共六個字，故稱「六字大明咒」。明一字代表智慧，讓智慧的光明來跟愚痴的黑暗相對應。「大明」的「大」即是讚誦此咒的能量可以摧破一切黑暗愚痴的負面力量。大明咒一詞的梵語是maha vidyamantro，可分解為大（maha）、明（vidya）與咒（mantro，即mantra）。「明」（vidya）在梵語是智慧（The wisdom of enlightenment）的別名，但也含有知識（knowledge）的意思。

雖然六字大明咒「嗡嘛呢唄咪吽」有六個漢字，但實際上梵語只有四個字詞。嗡（om）是宇宙一切咒語的根本，由它來啟動整個咒語。嘛呢（mani）的意思是寶物、珠寶，代表這個宇宙咒語是珍貴的寶物；蓮花（padme）象徵觀世音菩薩來自宇宙西方的蓮華部；吽（hum）也是宇宙重要的聲韻，同樣具備強大的能量。在om與hum兩個宇宙能量咒字相互影響之下，產生了更巨大的能量，共同聯手出擊來護持寶物與蓮花。

結合慈悲與智慧的能量

此咒沒有明確的歸敬文，但om mani padme hum也可以視為歸敬文屬性，其完整的意思是：在om與hum的宇宙力量保護之下，蓮花之中展開了寶物。於是又被翻譯成「禮敬蓮中寶」。

對藏傳佛教而言，「嗡嘛呢唄咪吽」這個咒語的重要性等同於漢傳佛教的「阿彌陀佛」（Amitabha，無限量光芒），兩者都來自於宇宙西方的能量場。此外，西藏人對om mani padme hum還有更深層的不同解釋。他們認為mani這個珍寶是代表宇宙的陽性能量，是慈悲能量的匯聚處。而蓮花則是象徵宇宙的陰性能量，是智慧能量的中心泉源。om mani padme hum的完整意思是在智慧（蓮花）中展開了慈悲（珍寶）。請再深入細想，宇宙的陰性能量是智慧，陽性能量是慈悲，這跟漢文化的思維似乎有所不同。而禮敬蓮中寶的意思除了在智慧之中展開慈悲，其實也隱喻著慈悲與智慧的結合。

偉大的智慧，心識的開啟，不尋求分析的心識

傳統漢譯	麻曷倪牙納　積都特巴達　積特些　納微達哩葛　薩而幹而塔　卜哩　悉塔葛
梵音	maha-jnana chitta-utpada chittasya na-vitarka sarva-artha bhuri siddhaka
建議中音	瑪哈─吉那那　七塔─烏德帕達　七塔沙亞　那─維塔日卡　薩日瓦─阿日他　普里　西達卡

〈觀音靈感真言〉是一個廣為人知的咒語，也是漢傳重要的十小咒之一，不過卻是一個不容易解開的咒語，甚至它的來源也沒太多線索。念誦完om mani padme hum的禮敬詞之後，進入的數個咒字是圍繞在「心靈意識」的範疇，包括深層心識、感官覺知、理性分析及直覺式的心靈感應。這反映出宇宙智慧的覺知層面相當廣闊，此咒包括文字閱讀之後產生的心靈意識，也包含透過禪定冥想的練習與咒語念誦的直覺意識。持咒時，全力地進入一個層面之後，最後可能還會展開另一個深層的覺知。

1. 呼喚大智
maha-jnana（瑪哈—吉那那）

首先呼喚大智（maha jnana）的這股宇宙大能量。maha是大，jnana是智。這個智也就是《心經》中「無智亦無得」的「智」，是超越凡常人能理解的智慧，一般翻譯成「妙智慧」。德國天才佛學研究者孔茲（Edward Conze）將《心經》中的jnana譯為cognition，它包含perception（感官的知覺）、reasoning（理解）與intuition（直覺）三部分。其中的直覺是無法用理性分析的直接判斷，是超越人類邏輯思想的範疇，是在禪定與念咒之中能產生的心靈能量。如果轉換成意識層面來分析這個智（jnana）所代表的意義，則是：❶感官意識（六識中的「眼耳鼻舌身」）、❷心埋意識（六識中的「意」）、❸直覺認知三者的總和。

2. 開展菩提心
chitta-utpada（七塔　烏德帕達）

接下來chitta可以翻成「心識」，《心經》中的「心無罣礙」的心就是chitta。chitta是代表「思考」的認知，孔茲譯為thought，包含了❶思索、❷思維的能力、❸思考的過程，但也可以說是個念頭。Utpada的意思是生起，chitta-utpada便成為了思維的啟動，也可以是在心中產生一個念頭，於是延伸成「發心」，也就是「開展菩提心」，意思是生起一個追求覺醒的念頭。

▌3. 遠離尋伺的心
chittasya na-vitarka（七塔沙亞　那一維塔日卡）

vitarka 在傳統佛經中譯為「尋伺」，對一般人說來並不容易了解。它的意思是「尋求與分析」或「探索與分析」，是指對事物道理進行「粗略」的邏輯思考作用。這是屬於頭腦心智的思考作用，我們在思考事物時，常會使用假設、推測、理解、判斷、懷疑、不確定……等等，都屬於這個範疇的思考分析。而此咒字前面的na，意思是無、沒有，所以，na-vitarka的直譯就是沒有尋求與分析，意思就是我們的意識要提升或清淨，必須要脫離，甚至超越粗略的「尋求與分析」。

▌4. 體會一切意義與目的
sarva-artha bhuri siddhaka（薩日瓦一阿日他　普里　西達卡）

artha的翻譯為有意義、道理、價值、目的等等，前述的字眼都是有個目標，也涵蓋了價值的判斷。sarva的意思是一切。sarva-artha就構成了一切的意義、一切的目的、一切的道理價值，有人簡譯為「一切義」。

我們可以發現，maha-jnana chitta-utpada chittasya na-vitarka sarva-artha這幾個咒字完全是圍繞著「意識與心念」。其中，有最高層面的「大智」（maha jnana），還有下定一個決心的「發心」（chitta），再來有粗略地尋求與分析的「尋伺」（vitarka），最後是一切道理價值的「一切義」（sarva-artha）。念完這幾個涉及心靈意識的咒字，接著就是滿溢豐富（bhuri）的成就（siddhaka）。整個意思大概可以這樣解釋：偉大的智慧！生起心念來！遠離尋求與分析的心！一切意義與目的！滿溢豐富的成就！

放下一切學習，沒有過往，也沒有現在

傳統漢譯	納補囉納　納卜哩　丟忒班納
梵音	na-purana na-pratyutpanna
建議中音	那一普拉那　那一普拉地由塔帕那

在〈觀音靈感真言〉的最後，出現了一個很特殊的梵字purana，意思是《往世書》，其梵語原意是「古代的」或「古老的」，後來成為一些古印度文獻的總稱。此類文獻覆蓋的內容非常廣泛，包括宇宙論、神譜、帝王世系和宗教活動，通常是問答式的詩歌體。na的意思是無、沒有，現在梵語的「無」，也可以翻譯成「遠離」的意思，或是「超越一個狀態」。pratyutpanna的意思是顯現在前，是精神力量（spirit）或是意識體的顯現在前，但是也可以解釋成「現在」（now）。雖然na-purana na-pratyutpanna的真正用意不是很清楚，但直譯梵字意思是「沒有《往世書》！也沒有顯現在前！」或是可以解釋成「沒有古代！也沒有現在！」其中隱含的意思為：要超越一切義，要超越過往你所學習的東西。總言之，na-purana na-pratyutpanna四個咒字的大意就是：超越古代！也超越現在！遠離或超越人類過往、現在所學習及認識的一切事。

皈依觀自在，吉祥成就

傳統漢譯	哪麻　嚧吉說囉耶　莎訶
梵音	namo lokeshvaraya svaha
建議中音	南摩　洛給須瓦拉亞　斯瓦哈

許多咒語的結構一開始是以namo或nama代表虔誠皈依給需要禮敬的精神力量，然後在即說咒曰之後進入咒語的核心。但〈觀音靈感真言〉略有不同，它先以觀世音菩薩的心咒「嗡嘛呢叭彌吽」作為禮敬禱告詞，然後進入咒語的核心，最後才又出現namo的禮敬詞，禮敬的對象是lokeshvaraya。loke的意思是世、世界，shvaraya的意思是自在，所以最後皈依歸敬的對象是「世自在」，也就是觀世音菩薩。此咒的結尾回到典型的咒語結構，以「斯瓦哈」（svaha）收尾，該詞與火供有關，在古印度經典《梨俱吠陀》與《奧義書》中早有記載，「斯瓦哈」原本是手捧供物給諸神的感歎詞，意思是「好好放置」，或是「好好地將放在火中的供物整理安置」，這也是祈禱時對火神使用的神聖詞語。它在傳統佛經中具有「結語祝福詞」與「安住不退轉」的雙重含意。

核心神聖意識體：觀世音菩薩

佛教世界強調兩股宇宙能量：智慧（wisdom）與慈悲（comapssion）。菩薩或是佛陀，都擁有強大的智慧能量，只是不同場域的智慧能量會展現不同的特質。觀世音菩薩所呈現的特質就是溫暖滿溢的慈悲能量，而這股能量匯聚於宇宙西方的能量場，佛教稱之為蓮華部（padme），也就是〈觀音靈感真言〉開始的om mani padme hum中的padme，這幾個咒字可翻譯成「禮敬蓮中寶」，其中蓮花代表智慧。所以om mani padme hum的意思是：在智慧中展開一個珍寶（mani），這珍寶就是慈悲。

因為觀世音菩薩的慈悲能量巨大，祂的咒語功效幾乎無所不能，無所不包。而整個咒語最大的核心在於釋放慈悲的能量，引領持咒者遠離苦難，同時協助修行者走向覺悟的智慧世界。咒語中先以偉大智慧（maha jnana）引領持咒者，啟動心識，發心（chitta-utpada）去追求宇宙的智慧，再來是超越對世間事物的尋伺與分析，全然自在地去體會宇宙智慧（sarva-artha，一切義）。所以〈觀音靈感真言〉始於觀音菩薩的慈悲能量，繼而開展智慧能量的追尋。

千手觀音 元代 敦煌莫高窟第3窟（舞陽美術提供）

咒語單字全解

1. **om**：音譯為「嗡」，宇宙的聲音、一切咒語的根本，具備巨大的力量。

2. **mani**：摩尼寶，音譯為「摩尼」，意思是寶物、珠寶，英文字通常譯為jewels。

3. **padme**：蓮花。

4. **hum**：音譯為「轟」，宇宙的聲音，具備強大的力量，可視為佛陀的聖潔心靈。

5. **maha**：大。

6. **jnana**：智慧，指超越凡常人能理解的智慧，一般翻譯成「妙智慧」。

7. **chitta**：心。

8. **utpada**：生起。

9. **chitta-utpada**：思考的啟動，指發心、開展菩提心。

10. **chittasya**：心的。

11. **na**：不。

12. **vitarka**：傳統佛經中譯為「尋伺」，意思是尋求與分析，對事物的道理進行粗略的思考作用。

13. **sarva**：一切。

14. **artha**：意義、道理、價值、目的。

15. **sarva-artha**：一切義。

16. **bhuri**：豐富、豐盛、充沛。

17. **siddhaka**：成就。

18. **na**：無。

19. **purana**：往世書。這是一類古印度文獻的總稱，此類文獻涵蓋的內容非常廣泛，包括宇宙論、神譜、帝王世系和宗教活動，通常為問答式的詩歌體。梵語原意為古代的或古老的。

20. **na**：無。

21. **pratyutpanna**：現在、現前、顯現在前。

22. **namo**：音譯為「南摩」，意思是皈依、歸命。

23. **lokeshvaraya**：世自在。

24. **svaha**：音譯為「斯瓦哈」，意思是吉祥成就。

第 8 咒

更改業力的密碼
七佛滅罪眞言

此咒語可以連結七位宇宙證悟佛陀，啟動神奇能量，徹底瓦解惡業的負面影響，將意識淨化、升級成強健、慈悲、喜悅的狀態，重新引動生命之輪。

【咒語小檔案】

1. 翻譯年代、譯者、咒名：共有15個版本，無法一一詳述。
2. 中文全名：七佛滅罪真言
3. 梵語英音：Sapta Jina Bhasitam Papa Vinasana Dharani
4. 梵語英譯：The Seven Buddhas Blame Dispersing True Words
5. 神聖意識體：七位佛陀（毘婆尸佛、尸棄佛、毘舍浮佛、拘留孫佛、拘那含牟尼佛、迦葉佛、釋迦牟尼佛）

第8咒 七佛滅罪眞言（咒語）

（版本一）《大方等陀羅尼經護戒分》卷四

離婆離婆帝　求訶求訶帝　陀羅尼帝　尼訶囉帝　毗黎你帝
摩訶伽帝　真陵乾帝　莎婆訶

❶

傳統漢譯　離婆離婆帝　求訶求訶帝

梵音　**lipa-lipate　　　　kuha-kuhate**
（超自然的神通力量的聲韻）（勇敢果決的聲韻）

建議中音　**里葩—里葩碟　庫哈—庫哈碟**

意譯　超自然的神通力量的聲韻！勇敢果決的聲韻！

❷

傳統漢譯　陀羅尼帝　尼訶囉帝　毗黎你帝　<u>摩訶伽帝　真陵乾帝</u>＊

梵音　**tara-lite　niha-rate　vimalite**
（救度、征服）（解脫降伏）（純淨、明亮、無污）

建議中音　**塔拉—利碟　尼哈—拉碟　維瑪利碟**

意譯　救度征服！解脫降伏！進入純淨無污的狀態！

❸

傳統漢譯　莎婆訶

梵音　**svaha**
（吉祥成就）

建議中音　**斯瓦哈**

意譯　吉祥成就！

＊備註：這兩個民間版本都增添兩個咒字「摩訶伽帝」與「真陵乾帝」，但《大方等陀羅尼經護戒分・卷四》並沒有這兩字，請見155頁的說明。

七佛滅罪真言（咒語）

（版本二）

離婆離婆帝　求訶求訶帝　陀羅尼帝　尼訶囉帝　毗黎你帝
摩訶伽帝　真陵乾帝　莎婆訶

---

❶

傳統漢譯　離婆離婆帝　求訶求訶帝

梵音　deva　devate　cyu　ha　cyu　hate
（天）　（天神）（搖動）（破壞）（搖動）（打擊）

建議中音　碟瓦　碟瓦碟　吉由　哈　吉由　哈碟

意譯　天！天神啊！搖動、破壞、搖動、打擊！

---

❷

傳統漢譯　陀羅尼帝　尼訶囉帝　毗黎你帝　摩訶伽帝　真陵乾帝*

梵音　dhara dhrte nir-hrte vimalate
（執持）（堅固）（除去）（離垢無污）

建議中音　達拉　德日碟　尼日一訶日碟　維瑪拉碟

意譯　執持、堅固、除去、離垢無污！

---

❸

傳統漢譯　莎婆訶

梵音　svaha
（吉祥成就）

建議中音　斯瓦哈

意譯　吉祥成就！

七佛滅罪眞言（白話文）

（版本一）

❶ 超自然的神通力量的聲韻！勇敢果決的聲韻！

❷ 救度征服！解脫降伏！進入純淨無污的狀態！

❸ 吉祥成就！

※重點提醒：〈七佛滅罪真言〉的版本非常多，於是衍生不同的解釋。深入研究的讀者可能看到不同的版本解說，或許會感到困惑。筆者選出最適宜的兩個版本，特別是版本一。

關鍵咒字

（版本一）

1. **lipa-lipate**：超自然的宇宙聲韻，念音為「里葩一里葩碟」。
2. **kuha-kuhate**：勇敢果決的宇宙聲韻，念音為「庫哈一庫哈碟」。
3. **tara-lite**：救度、征服。
4. **niha-rate**：解脫降伏。
5. **vimalite**：純淨、明亮、無污、離垢。

七佛滅罪真言（白話文）

（版本二）

❶ 天！天神啊！搖動、破壞、搖動、打擊！

❷ 執持、堅固、除去、離垢無污。

❸ 吉祥成就！

關鍵咒字

（版本二）

1. **deva**：大。
2. **devate**：天神。
3. **cyu**：搖動。
4. **ha**：破壞。
5. **hate**：打擊。
6. **dhara**：執持、維持。
7. **dhrte**：堅固。
8. **nir-hrte**：滿溢的水，延伸為除去污垢。
9. **vimalate**：純淨、明亮、無污、離垢。

咒語主要功能

☑ 消災解厄 （天災人禍、厄運）	☑ 淨化業力	☑ 化解冤親債主
☐ 圓滿願望	☐ 增加財富	☑ 增長智慧
☐ 長養慈悲	☑ 提升能量	☐ 健康長壽
☐ 往生淨土 （極樂世界）	☑ 療癒身心	☐ 守護大地

一分鐘重點

【第8咒】七佛滅罪真言

- 〈七佛滅罪真言〉僅有六個咒字,是十小咒中最短的一個咒語。字數雖少,但能量驚人,因為此咒總共呼喚了七位宇宙神聖意識體的能量。

- 來自宇宙的這七位佛陀,透徹領悟了宇宙真理,而且能自由自在穿梭於不同的宇宙場域。

- 〈七佛滅罪真言〉可用來瓦解與重組人類被污染或混亂的負面意識,這些混亂或污染的原因,可能是「前世」的業力加上「今生」的業力所致。念誦時,請先謙卑地「懺悔」,誠摯地告訴諸佛自己的錯誤,認真呼喚祂們的咒語,讓咒語的超自然力量移除我們意識裡的負面能量,轉換成更溫暖、和諧、喜悅的意識狀態。

- 我們在生活中難免有不適當的言行,例如來自於言語的口業。不論有意或無心,我們都會有說錯話的時候,不當的言語會帶來負面的業力,因為它傷了人的心,引動對方的負面意識,而在彼此的互動中,負面能量的反作用力又會回到自己身上。遭遇類似這樣的負面狀態,就要念誦〈七佛滅罪真言〉來化解。

咒語詳解

（版本一）

呼喚超自然的力量

傳統漢譯	離婆離婆帝　求訶求訶帝
梵音	lipa-lipate kuha-kuhate
建議中音	里葩—里葩碟　庫哈—庫哈碟

〈七佛滅罪真言〉有多種版本，相異的解釋也非常多。人們認為這些咒字是超自然的神祕聲韻，是驅散罪業的一波波強大音頻。咒音、咒字要不要翻譯與解釋呢？自古以來就有不同的看法。反對翻譯的人認為密咒是自然的聲音，也是神聖意識體的啟示，並不需任何翻譯解說，只需要一心持誦，才能使精神集中，而一旦心念達到專注於一的境界，即能進入靜定，連結宇宙智慧。

先看lipa-lipate，其發音為「里葩里葩碟」，此咒字被視為呼喚超自然力量的宇宙聲韻。kuha-kuhate的發音為「庫哈庫哈碟」，是「勇氣與決心」的能量，可以啟動消除個人罪業的神聖力量。讀誦咒語就如讀經、禮佛、念佛等等，其共同的目的，都是在過程中讓心念專注於一。

重整個人的靈魂意識

傳統漢譯	陀羅尼帝　尼訶囉帝　毗黎你帝　摩訶伽帝　真陵乾帝　莎婆訶
梵音	tara-lite niha-rate vimalite mahagate chelingante svaha
建議中音	塔拉—利碟　尼哈—拉碟　維瑪利碟　瑪哈嘎碟　切靈干碟　斯瓦哈

接下來是tara-lite與niha-rate這兩個動詞。tara-lite的發音為「塔拉利碟」，意思是「救度」與「征服」，代表智慧能量的聲韻。niha-rate的發音為「尼哈拉碟」，意譯成「解脫降伏」，此聲韻可以消滅並根除「言語與傲慢」所帶來的惡業。vimalite的發音為「維瑪利碟」，意思是「離垢的、無污的」，也可以是「純淨的，明亮的」。這個咒字可以消滅並根除紛爭，還能去除「聲名與地位」所帶來的負面能量，達到純淨的、明亮的意識狀態。最後的svaha是吉祥成就的結語詞。

民間版本增添兩個咒字：「摩訶伽帝」與「真陵乾帝」

原始版本是出自《大方等陀羅尼經護戒分・卷四》，但是許多民間流傳的版本增加了「摩訶伽帝」與「真陵乾帝」。這兩個多出的咒字，推測其梵語分別是mahagate與chelingante。mahagate的現代發音接近「瑪哈嘎碟」，請注意gate與英文gate（門）的發音不同，要念成嘎（ga）碟（te）。mahagate可以被拆解成maha與gate。

maha是大，gate就是《心經》裡面的「揭諦」，意思是「前往、到達」，也有「已經完成」的意思。所以，「摩訶伽帝」（mahagate）的意思是偉大地前進，此神聖咒字被視為具備偉大的能量與行動的能力，可以讓宇宙天地「自然運行的大道顯現而出」的聲韻。至於「真陵乾帝」（chelingante）的現代發音，接近「切靈干碟」，此咒字可以啟動力量去消滅並根除「欲望、情緒、財富與聲名」所帶來的惡業。

（版本二）

搖動、破壞與打擊負面力量

傳統漢譯	離婆離婆帝　求訶求訶帝
梵音	deva devate cyu ha cyu hate
建議中音	碟瓦　碟瓦碟　吉由　哈　吉由　哈碟

傳統的咒語是透過namo來祈請宇宙偉大的智慧能量，這個版本的〈七佛滅罪真言〉則是直接呼喚天（deva）與天神（devate），祈請宇宙神奇的超自然力量，呼喚神聖意識體的降臨。隨後立刻展開四個去除罪業的能量咒字，分別是cyu（搖動）、ha（破壞）、cyu（搖動）與hate（打擊）。這些咒語是一波波巨大的能量，將混亂污濁的意識重新排列組合，徹底脫離惡業的負面影響，淨化受污染的心識。等感受到這股能量的深度後，再持續念咒，體會意識的純淨轉化，然後展開一個全新的純淨意識。

展現強大的宇宙能量

傳統漢譯	陀羅尼帝　尼訶囉帝　毗黎你帝　摩訶伽帝　真陵乾帝　莎婆訶
梵音	dhara dhrte nir-hrte vimalate mahagate chelingante svaha
建議中音	達拉　德日碟　尼日一訶日碟　維瑪拉碟　瑪哈嘎碟　切靈干碟　斯瓦哈

▌穩固堅定能量的狀態　dhara dhrte

一波又一波巨大的咒字能量，延續前面四個「摧破形式」的咒字，接著進入「穩固堅定」形式的能量。dhara的發音為「達拉」，意譯為執持，也就是「維持在一個狀態」（keep、maintain），或是保存（preserve）在一個狀態。dhrte的發音為「德日碟」，同樣帶有維持一個狀態的含意，但語氣更強烈，於是延伸成「堅固一個狀態」，所以dhara與dhrte都是讓咒語能量保持穩固堅定的聲韻。

▌徹底洗淨個人的惡業　nir-hrte vimalate

最後兩個咒語都是「清除、清淨」形式的咒字，分別是nir-hrte與vimalate。nirhrte的發音接近「尼日訶日碟」，原本意思是滿溢淹沒（hrte）的清水（nir），而後轉變成洗滌與清除的意思，這等同於將個人意識體的惡業徹底洗淨。如此，持咒者就可進入vimalate的純淨、明亮的境界。vimalate的發音是「維瑪拉碟」，意思是「離垢的、無污的」，也可以是「純淨、明亮的」。因此，個人的意識在這些咒語的協助之下，達到純淨的美好狀態，所以在完成這美好的除垢任務之後，當然要好好感念這些宇宙神聖的意識體，跟這些天神說聲斯瓦哈（svaha）！

神聖意識體：七位佛陀

〈七佛滅罪真言〉是個不容易解開說清楚的咒語，為什麼呢？因為自古流傳到現在，已經有十幾個不同版本。版本之間雖然發音近似，但拆解梵字的方式不同，於是形成各自不同的解釋。滅罪的意思是滅除罪業，什麼是罪業呢？先解釋「業」（karma）的意思，簡單來講，業是行為的結果，舉凡說話、動念、思維、行動、作為等等所產生的結果就是業，這種行為結果具有產生苦樂果報的力量。〈七佛滅罪真言〉就是要消除人生難免的罪業。

〈七佛滅罪真言〉的咒語主要是讓智慧能量（tara-rite，塔拉—利碟）來瓦解與重組（niha-rate，尼哈—拉碟）個人污染的意識，將粗略意識融入更深層次的細緻意識體之中。先是引動這個咒語的超自然力量（lipa-lipate，里葩—里葩碟），消滅並根除業力帶來的負面能量。再由純淨明亮（vimalite，維瑪利碟）的力量，將意識升級成一個無污的狀態。

這是由誰指導的咒語呢？咒名寫著七位佛陀，指的是過去的毘婆尸佛、尸棄佛、毘舍浮佛、拘留孫佛、拘那含牟尼佛、迦葉佛，也包括我們熟悉的釋迦牟尼佛。他們七位都已經達到證悟宇宙真理，解脫一切煩惱的境界。我們呼喚並跟隨他們的智慧能量，能移除意識裡的污垢，將意識淨化成強健、慈悲、喜悅的意識狀態。

〈七佛滅罪真言〉流傳至今，多達十五個版本，雖無法確知那個版本才是最貼近原典的風貌，但可以確認它們都在呼喚宇宙的力量。只要誦念者所啟動的心念是真誠的，念誦這個咒語是可以淨化深層意識，達到真實的懺罪作用。

咒語單字全解

（版本一）

1. **lipa-lipate**：超自然的宇宙聲韻，念音為「里葩—里葩碟」。

2. **kuha-kuhate**：勇敢果決的宇宙聲韻，念音為「庫哈—庫哈碟」。

3. **tara-lite**：救度、征服。

4. **niha-rate**：解脫降伏。

5. **vimalite**：純淨、明亮、無污、離垢。

（版本二）

1. **deva**：天。

2. **devate**：天神。

3. **cyu**：搖動。

4. **ha**：破壞。

5. **hate**：打擊。

6. **dhara**：執持、維持。

7. **dhrte**：堅固。

8. **nir-hrte**：滿溢的水，延伸為除去污垢。

9. **vimalate**：純淨、明亮、無污、離垢。

第 9 咒

獲得永恆、純淨的生命

往生淨土神咒

此咒語呼喚宇宙西方的無量智慧光──阿彌陀佛，祂是甘露的成就者，讓人們超越生與死，不論在今生、來生或生命結束時，在祂的護持下，都能免除輪迴之苦，前往極樂淨土，獲得永恆、純淨的喜悅。

【咒語小檔案】

1. 翻譯年代：劉宋時期（420-479年）
2. 譯者：中天竺高僧求那拔陀羅
3. 中文全名：拔一切業障根本得生淨土神咒
4. 梵語英音：Sukhavati-vyuha Dharani
5. 梵語英譯：The Pure Land Rebirth Spiritual Mantra
6. 核心神聖意識體：阿彌陀佛
7. 經典：《小無量壽經》（已佚失）

第9咒 往生淨土神咒（咒語）

> 南無阿彌多婆夜　哆他伽哆夜　哆地夜他　阿彌唎都婆毗
> 阿彌唎哆　悉耽婆毗　阿彌唎哆　毗迦蘭帝　阿彌唎哆
> 毗迦蘭多　伽彌膩　伽伽那　枳多迦利　娑婆訶

❶

傳統漢譯　南無阿彌多婆夜　哆他伽哆夜

梵音　namo amitabhaya tathagataya
（皈依）（無量光）（如來）

建議中音　南摩　阿彌塔巴亞　塔塔嘎塔亞

意譯　禮敬無量光如來。

---

❷

傳統漢譯　哆地夜他

梵音　tadyata
（即說咒曰）

建議中音　達底亞塔

意譯　即說咒曰：

---

❸

傳統漢譯　阿彌唎都婆毗　阿彌唎哆　悉耽婆毗　阿彌唎哆　毗迦蘭帝　阿彌唎哆　毗迦蘭多　伽彌膩　伽伽那　枳多迦利

梵音　amritodbave amrita-sidambave amrita-vikrante amrita-vikranta
（甘露）（生起）（甘露-成就生起）（甘露-勇猛勝利）（甘露-勇猛勝利）
gamine gagana kirta-kare
（前進）（虛空）（讚歎-進行）

建議中音　阿彌利脫巴維　阿彌利塔—悉丹巴維　阿彌利塔—維曠碟　阿彌利塔—維曠達　嘎米餒　嘎嘎那　克利塔—卡磊

意譯　在甘露生起之中！在甘露成就生起之中！在甘露的勇猛勝利之下！在甘露的勇猛勝利之下！前進啊！虛空之中！在讚歎之中進行！

❹

傳統漢譯　娑婆訶

梵音　svaha
（吉祥成就）

建議中音　斯瓦哈

意譯　吉祥成就。

第 **9** 咒　往生淨土神咒

往生淨土神咒（白話文）

❶ 禮敬無量光如來。

❷ 即說咒曰：

❸ 在甘露生起之中！在甘露成就生起之中！在甘露的勇猛勝利之下！在甘露的勇猛勝利之下！前進啊！虛空之中！在讚歎之中進行！

❹ 吉祥成就。

關鍵咒字

1. **amitabhaya**：無量光，無法測度的光芒，無限量的光芒。
2. **amritodbave**：amritod即甘露。bave的意思是生起、發生。
3. **amrita-sidambave**：amrita即甘露。sidam的意思是成就。bave的意思是生起。
4. **amrita-vikrante**：amrita即甘露。vikrante的意思是勇猛、英勇、勝利。
5. **gamine**：前進、通往。
6. **gagana**：天空、虛空。
7. **kirta**：讚歎、讚揚。
8. **kare**：進行、做。

咒語主要功能

☐ 消災解厄 （天災人禍、厄運）	☑ 淨化業力	☐ 化解冤親債主
☐ 圓滿願望	☐ 增加財富	☑ 增長智慧
☐ 長養慈悲	☑ 提升能量	☑ 健康長壽
☑ 往生淨土 （極樂世界）	☐ 療癒身心	☐ 守護大地

第 9 咒　往生淨土神咒

165

一分鐘重點

【第9咒】往生淨土神咒

- 第九咒的祈請對象是宇宙西方場域的智慧能量，稱為Amitabha，梵語意為「無量光芒」，傳統譯成「無量光佛」，或音譯為「阿彌陀佛」。祂在十小咒共出現兩次，是非常重要的神聖意識體。

- 當我們念誦此咒時，等於呼喚宇宙西方無盡無量的智慧光芒，請在腦海裡浮現無限量光芒圍繞著自己的畫面，讓咒音與我們的身體相互共振。

- 此咒的關鍵字「甘露」（amrita）出現多次，意思是「不死」，也就是「永恆生命」。此咒能幫助我們正面看待生命的結束：當肉身死去時，我們的意識在甘露的啟動下能生起能量，在甘露的成就生起之中（amrita-sidambave）與甘露的勇猛勝利之中（amrita-vikrante），勇敢往虛空（gagana）前進，前進到西方智慧的能量場域。

- 平日經常念誦此咒字，在生命結束的時候，即可前往阿彌陀佛的淨土，那是位於宇宙西方的能量場域——極樂世界。此咒前後只有十二個咒字，是容易念誦且很美的一個咒語。

*重點提醒：右頁的阿彌陀佛或無量光佛的原本梵語是amitabha，其後添加了ya，其意義為何？首先，ya代表感歎詞，意思就像是「阿彌陀佛啊！」或是「無量光佛啊！」再者，它也有「對象」的涵義，除了amitabhaya，第十咒的buddha、dharma、samgha、devi等名詞的結尾處都加了ya，它的意思是「向〇〇（對象）」，所以，namo buddhaya就是「向」佛陀皈依、歸命、禮敬。

咒語詳解

開始的歸敬文

傳統漢譯　南無阿彌多婆夜　哆他伽哆夜

梵音　namo amitabhaya tathagataya

建議中音　南摩　阿彌塔巴亞　塔塔嘎塔亞

〈往生淨土神咒〉具備典型的咒語結構，一開始是以虔敬的心識來呼喚宇宙的智慧能量，透過重要的咒字namo（南摩）啟動，將心識以禮敬、皈依、歸命的方式，來祈請amitabhaya（無量光）的協助，同時盛讚這位宇宙智者為tathagataya（如來）。何謂如來？如來代表一種覺悟的美好境界，達此境界可以任意穿梭在宇宙之間的智慧場域，也可來到我們這個充滿苦難的娑婆世界協助眾生。amitabha是amita（無量）與abha（光）的結合咒字，中國人習慣音譯為「阿彌陀佛」。其實，阿彌陀本身就是充滿能量的咒字，千年以來佛教徒念誦此咒，祈求平安幸福，並為未來世做準備。許多信眾雖不知其意，但僅靠amitabha咒語的聲韻振動就能帶來無限量的光芒。所以，經常念誦此咒字，在生命結束的時候，即可前往阿彌陀佛的淨土，那是位於宇宙西方的能量場域（sukhavati，極樂世界），一個充滿著喜樂、純淨清潔、沒有任何迷惑的意識空間。

進入咒語核心，呼喚宇宙的能量

傳統漢譯　哆地夜他　阿彌唎都婆毗　阿彌唎哆　悉耽婆毗　阿彌唎哆　毗迦蘭帝　阿彌唎哆　毗迦蘭多　伽彌膩　伽伽那　枳多迦利　娑婆訶

梵音　tadyata amitodbave amrita-sidambave amrita-vikrante amrita vikranta gamine gagana kirta-kate svaha

建議中音　達底亞塔　阿彌利脫巴維　阿彌利塔—悉丹巴維　阿彌利塔—維曠碟　阿彌利塔—維曠達　嘎米餳　嘎嘎那　克利塔—卡磊　斯瓦哈

1. 在甘露生起之中　amritodbave amrita-sidambave amrita-vikrante amrita-vikranta
2. 充滿能量的前進　gamine gagana kirta- kare

▎1.在甘露之中

amritodbave amrita-sidambave amrita-vikrante amrita-vikranta（阿彌利脫巴維　阿彌利塔—悉丹巴維　阿彌利塔—維曠碟　阿彌利塔—維曠達）

即說咒曰（tadyata）之後，立即進入咒語的核心。一連串的咒語圍繞在甘露（amrita）一詞，其中mrita的梵語字根意思是「已經死亡」。a是否定詞的字首，於是amrita的意思是「不死」，也就是生命永恆。另外，也可以作為象徵一種不死的甘露藥。bave的發音為「巴維」或「帕維」，生產、生起的意思，也可解釋為存在、繁榮。sidam的發音為「悉丹」，意思是成就、完成。於是，amritodbave amrita-sidambave的意思就是：在甘露生起之中！在甘露成就生起之中！

再往下看，又是連續兩個甘露的接繫詞：vikrante與vikranta，念成「維曠碟」與「維曠達」，意思是充滿勇氣，勇猛的勝利。所以，amrita-vikrante amrita-vikranta的意思是：在甘露的勇猛勝利之下！在甘露的勇猛勝利之下！

▎2.充滿能量的前進

gamine gagana kirta- kare svaha（嘎米餳　嘎嘎那　克利塔—卡磊　斯瓦哈）

最後連續四個咒字，都是容易念誦的聲韻。gamine的意思是前進、通往，發音為「嘎咪餳」；gagana的意思是宇宙虛空，發音為「嘎嘎那」；kirta的意思是讚歎、讚美，發音為「克利塔」；kare的意思是進行、能夠完成，ka與re

分開念成「卡磊」。因為阿彌陀佛的世界是純淨美麗的，那裡沒有任何的污染，充滿了喜樂的心識狀態，所以此四個咒字就是要呼喚前往那個淨土的能量，意思是：充滿能量的前進（gamine），在宇宙虛空（gagana）之間，在讚揚（kirta）之中進行（kare）。最後念誦祈禱詞「斯瓦哈」（svaha），表示吉祥成就，圓滿結束這個咒語。

*重點提醒：大部分的梵語羅馬音節念誦都是二個字或三個字為一小節，較少四個字。例如《心經》中的咒語「gate gate」（揭諦揭諦）與「paragate」（波羅揭諦）。gate的發音不是英文「gate」（門）的讀法，而是分成ga-te兩個音節讀誦，傳統漢字音譯為「揭諦」。另外，para分成pa-ra，漢字音譯為「波羅」。讓我們來看看本咒的amrita（甘露）一詞，amrita拆解成am-ri-ta，漢字音譯為「阿彌喇都」。再看sidambhave（甘露生起），拆解成si dam ba-ve，音譯為「悉耽婆毗」。此兩例都呈現二個字或三個字為一小節的情形。

核心神聖意識體：阿彌陀佛

〈往生淨土神咒〉的全名是〈拔一切業障根本得生淨土神咒〉，咒名中「拔一切業障根本」的意思是徹底拔除生命中的業障，讓內在意識達到純淨無污的境界。此咒是劉宋時期的求那拔陀羅（394-468）所翻譯，他來自於天竺的中部，是菩提達摩的老師。與此咒對應的「經」則是來自於《小無量壽經》，但已經佚失。

此咒最重要的人物即是阿彌陀（amitabha），該字梵語的意思是無量的光芒，原本祂是一股來自宇宙西方的智慧能量，後來被人類擬像化成為具有身形的佛陀。所謂佛陀（buddha）指的是證悟宇宙真理，解脫一切煩惱的覺知狀態，或者是達到此境界的人物，釋迦牟尼就是其中一位。人們在原本的阿彌陀之後再加上一個佛字，成為了阿彌陀佛。阿彌陀佛的能量場所具備的智慧是「妙觀察智」，以超越人類邏輯思考的觀察去領悟宇宙萬物的真理，這樣的智慧是「超智慧」，佛教稱之為「妙智慧」。除了amitabha，〈往生淨土神咒〉還有個重要的梵字amrita，音譯為「阿彌利塔」，這是古代印度傳說中的一種不死之藥，中文意譯為「甘露」，代表生命的永恆，佛教中也以此來表達永遠的涅槃。而阿彌陀佛就是生起甘露的成就者（amrita-sidambave），同時也擁有甘露的神力（amrita-vikrante）。

此咒完整的咒名解釋如下：

拔一切業障根本得生淨土神咒

1. **拔一切業障根本**：徹底拔除生命中的所有業障，讓意識達到純淨無污的境態。
2. **得生淨土**：在生命終止的時刻，得以前往阿彌陀佛純淨、喜悅的智慧空間。
3. **神咒**：神聖的宇宙聲韻。

咒語單字全解

1. **namo**：音譯為「南摩」，意思是「皈依、歸命」，等同於虔心至誠地奉獻。

2. **amitabhaya**：無量光，無法測度的光芒，無限量的光芒。

3. **tathagataya**：如來。

4. **tadyata**：即說咒曰。

5. **amritodbave**：amritod的意思是甘露；bave的意思是生起、發生。

6. **amrita-sidambave**：amrita的意思是甘露；sidam的意思是成就；bave的意思是生起。

7. **amrita-vikrante**：amrita的意思是甘露；vikrante的意思是勇猛、英勇、勝利。

8. **gamine**：前進、通往。

9. **gagana**：天空、虛空。

10. **kirta**：讚歎、讚揚。

11. **kare**：進行、做。

12. **svaha**：音譯為「斯瓦哈」，吉祥、成就。

第 10 咒

圓滿世間成就與心靈成就

大吉祥天女咒

大吉祥天女又稱「功德天女」，是協助眾生獲得功德的天女。藉由此咒語能克服物質生活上的困難，獲得豐饒富貴，也能幫你啟動能量，提升心靈意識，讓身心靈達到善美的圓滿狀態。

【咒語小檔案】

1. 翻譯年代：唐代（618-907年）
2. 譯者：三藏沙門義淨
3. 中文全名：大吉祥天女咒
4. 梵語英音：Shri Maha Devi Dharani
5. 梵語英譯：Great Virtuous Deity Dharani
6. 核心神聖意識體：大吉祥天女
7. 經典：《金光明最勝王經·大吉祥天女增長財物品 第十七》（譯者：義淨）

第10咒 大吉祥天女咒（咒語）

南無佛陀　南無達摩　南無僧伽　南無室利　摩訶提鼻耶
怛你也他　波利富樓那　遮利三曼陀　達舍尼　摩訶毗訶羅伽帝
三曼陀　毗尼伽帝　摩訶迦利野　波禰　波囉　波禰
薩利嚩栗他　三曼陀　修鉢黎帝　富隸那　阿利那　達摩帝
摩訶毗鼓畢帝　摩訶彌勒帝　婁簸僧祇帝　醯帝徙　僧祇醯帝
三曼陀　阿他阿㝹　婆羅尼

❶

傳統漢譯：南無佛陀　南無達摩　南無僧伽　南無室利　摩訶提鼻耶

梵音：namo buddhaya namo dharmaya namah samghaya namo shri-maha-deviya
（皈依）（佛陀）（皈依）（法）（皈依）（僧）（皈依）（吉祥-大-天女）

建議中音：南摩　布達亞　南摩　達日瑪亞　南瑪　三嘎亞　南摩　須里一瑪哈一碟維亞

意譯：禮敬佛陀、禮敬佛法、禮敬僧伽、禮敬大吉祥天女。

❷

傳統漢譯：怛你也他

梵音：tadyata
（即說咒曰）

建議中音：達底亞塔

意譯：即說咒曰：

❸

傳統漢譯：波利富樓那　遮利三曼陀　達舍尼　摩訶毗訶羅伽帝　三曼陀　毗尼伽帝

梵音：om pari-purna care samanta darshane maha vihara gate samanta vidhamane
（嗡）（普遍圓滿）（行動）（周遍）（照見）（大）（安住）（前去）（周遍）（消除）

| 建議中音 | 嗡　帕里—普拉拿　卡磊　薩滿塔　達日夏餒　瑪哈　維哈拉　嘎碟　薩滿塔　維達瑪內 |
| 意譯 | 嗡！呼喚宇宙的能量，成功地行動與作為。普遍而圓滿，完全照見美好莊嚴的相狀。前往智慧的大道上，並安住於其中，完全除滅負面的能量。 |

④

傳統漢譯	摩訶迦利野　波禰　波囉　波禰*1　薩利嚩栗他　三曼陀*2　修鉢黎帝　富隸那　阿利那　達摩帝　摩訶毗鼓畢帝
梵音	maha karya prati-sthane sarvartha sadhane suprati-puri ayana （大）（事業）（安住）（一切義）（能力）（極善圓滿）（接近） dharmata maha avikopite （法性）（大）（沒有變異）
建議中音	瑪哈　嘎里雅　帕拉地—是塔餒　薩日瓦塔　薩達內　蘇普拉地—普里　阿亞拿　他日馬塔　瑪哈　阿維寇比帖
意譯	偉大的事業成果，安住於其中。成就一切事物的道理與意義，達到極致善美的圓滿狀態。靠近法性實相，維持在沒有任何變異的狀態之中。

⑤

傳統漢譯	摩訶彌勒帝　婁簸僧祇帝　醯帝筵　僧祇醯帝*3　三曼陀　阿他阿㝹　婆羅尼
梵音	maha maitri upa-samhite maha-kleshe su-samgrhite samantartha （大）（慈）（相互契合）（大-光輝）（善攝受）（普遍事業） anu-palane （守護）
建議中音	瑪哈　馬伊得里　烏帕—三希帖　瑪哈—克里謝　蘇—三哥日希帖　薩滿塔塔　阿奴—帕拉內
意譯	與偉大的慈悲心相互契合、相互呼應。偉大的光輝，沉浸在善美的攝受之中。護持所有的事業與利益。

⑥

傳統漢譯	（無）*4
梵音	svaha （吉祥成就）
建議中音	斯瓦哈
意譯	吉祥成就。

*處的說明請見176頁

大吉祥天女咒（白話文）

❶ 禮敬佛陀、禮敬佛法、禮敬僧伽、禮敬大吉祥天女。

❷ 即說咒曰：

❸ 嗡！呼喚宇宙的能量，成功地行動與作為。普遍而圓滿，完全照見美好莊嚴的相狀。前往智慧的大道上，並安住於其中，完全除滅負面的能量。

❹ 偉大的事業成果，安住於其中。成就一切事物的道理與意義，達到極致善美的圓滿狀態。靠近法性實相，維持在沒有任何變異的狀態之中。

❺ 與偉大的慈悲心相互契合、相互呼應。偉大的光輝，沉浸在善美的攝受之中。護持所有的事業與利益。

❻ 吉祥成就。

備註：大吉祥天女神咒中，漢字音譯的兩處與羅馬拼音無法相互對照（見前頁的*1處），首先是「波禰 波囉 波禰」，其意義不是很明確。而對照梵語位置是prati-sthane，意思是安住、建立、使得完成。

另一個是「三曼陀」（見前頁的*2處），依據發音可能是samanta，意思是普遍。不過，對照位置的梵語是sadhane，意思是成就、能力，兩者的意思完全不同。

*3：在現今寺院課頌本的版本是「摩訶彌勒帝 婁簸僧祇帝 醯帝筵 僧祇 醯帝」，這部分的內容與梵本略有不同。如果將漢音還原可能的用字，比較合理的斷字應該是「摩訶 彌勒帝婁 簸僧祇帝 醯帝 筵僧祇醯帝」。而一一對應的梵字意思是：❶摩訶（maha，偉大）、❷彌勒帝婁（maitri，慈愛）、❸簸僧祇帝（pra-samhite，相互契合）、❹醯帝（hite，契合）、❺筵僧祇醯帝（su-samhite，善美契合）。

*4：最後還有個小小更正，課頌本版本最後一句是「婆羅尼」（palane，保存、守護），其實在梵版還有個咒語結尾語：svaha，意思是吉祥、成就。

顯然，寺院課頌本的漢音版本與羅馬拼音的梵版是有些差異的，應該是不同時期傳抄過程的變異，筆者建議已經熟悉寺院課頌本的讀者，可以還原梵語原意，稍微更改斷字，如此可以更了解咒語的意義。至於，沒有接觸過寺院課頌本的讀者，就請直接學習羅馬拼音的梵版，學習效果更佳，同時更能精確地下載佛菩薩的智慧與慈悲。

關鍵咒字

1. **shri**：吉祥、光輝。
2. **maha**：大。
3. **devi**：天女，讀成「碟維」。
4. **pari-purna**：pari的意思是圍繞、普遍，讀成「帕里」；purna的意思是充足，讀成「普拉拿」。pari-purna的意思是圍繞在充足的狀態，也可翻譯為普遍圓滿的狀態。
5. **care**：行動、作為。
6. **samanta**：普遍、周遍、完全。意思是圍繞在一種狀態。
7. **darshane**：照見、顯現，這兩個解釋是相互對應的。因為顯現，才能照見。顯現出什麼？顯現出美妙莊嚴的狀態，所以也可以是照見美妙莊嚴的狀態。
8. **vihara**：寺院或安住。寺院是心靈意識純淨的空間，所以可以讓心識安穩停留，於是延伸成安住，安住在一個狀態之下。
9. **gate**：前往、通達或已經完成，延伸成為通往證悟的大道上。
10. **maha-vihara-gate**：偉大安住通達。
11. **karya**：事業、作業、作用、成果。
12. **prati-sthane**：安住、建立、使得完成。
13. **sarvartha**：一切義、一切意義、一切道理、一切價值。
14. **sadhane**：成就、能力。
15. **suprati-puri**：su的意思是善美、完美；prati-puri的意思是個個都圓滿、個個都充滿；suprati-puri兩字合併，有人譯成「究竟具足，極善圓滿」。
16. **ayana**：接近、靠近。
17. **dharmata**：法性、實相。

關鍵咒字

18. **avikopite**：不壞、不失,保持原狀沒有變異。
19. **maitri**：慈悲心。
20. **upa-samhite**：結合、相應、相互契合。
21. **maha-kleshe**：maha的意思是大;kleshe的意思是光輝、愉悅。
22. **su-samgrhite**：su的意思是善美、完美;samgrhite的意思是管理、支配、控制、攝受。
23. **samantartha**：samant的意思是普遍、周遍;artha的意思是事業、利益、目的、價值。
24. **anu-palane**：護持、守護、保持。

咒語主要功能

☑ 消災解厄 （天災人禍、厄運）	☑ 淨化業力	☑ 化解冤親債主
☑ 圓滿願望	☑ 增加財富	☑ 增長智慧
☑ 長養慈悲	☑ 提升能量	☑ 健康長壽
☐ 往生淨土 （極樂世界）	☑ 療癒身心	☑ 守護大地

第 10 咒 大吉祥天女咒

一分鐘重點

【第10咒】大吉祥天女咒

- 〈大吉祥天女咒〉是十小咒中最龐大的一個咒語，字數是其他小咒的二至三倍，甚至是〈七佛滅罪真言〉的五倍。安排在最後一咒是非常恰當的，因為此咒的咒語能量是前面諸多小咒的集合體，包括智慧大道、法性、圓滿成就、一切義、摧毀障礙、慈悲……，每個都是強烈的宇宙能量，協助我們獲得宇宙的究竟智慧。

- 整體分析這十個小咒，在梵字咒音的學習過程中以第五咒〈聖無量壽決定光明王陀羅尼〉與第十咒〈大吉祥天女咒〉的份量最重，而第十咒的內容甚至可以說是第五咒的擴大版本，同時它也強化美好的種種成就，細膩地鋪陳追尋智慧過程的不同層面。

- 一開始不建議讀者要徹底了解每個咒字，只需約略理解即可。隨著一次次念誦，可讓咒音的頻率自然啟動咒字的領略。一旦熟悉念誦的節奏與音律之後，再來細膩體會每個咒字的意義，這樣比較能達到「心領神會」的持咒狀態。

- 同時也鼓勵讀者要試著去理解〈大吉祥天女咒〉咒語的寬度與深度，它包括了：發心追求智慧（發菩提心）、個人領略智慧的獲取（自利自覺）與分享智慧（利他覺他）這三種層面，是大乘佛教追尋智慧的三部曲。在這不算短的小咒中，除了可以讓我們熟悉完整咒語的基本結構，也認識到許多重要的咒字，更有助於未來學習長咒。因此，熟悉〈大吉祥天女咒〉是個很美好的功課。

咒語詳解

開始的歸敬文

傳統漢譯	南無佛陀　南無達摩　南無僧伽　南無室利　摩訶提鼻耶
梵音	namo buddhaya namo dharmaya namah samghaya namo shri-maha-deviya
建議中音	南摩　布達亞　南摩　達日瑪亞　南瑪　三嘎亞　南摩　須里─瑪哈─碟維亞

一開始是典型咒語的祈請歸敬文。namo、namah的意思是皈依、歸命、禮敬。接著，除了對佛（buddha）的尊崇，對佛教教義（dharma）的尊崇，對僧伽（samgha）的尊崇，當然還要對此咒語的核心人物「大吉祥天女」（shri-maha-devi）獻上尊崇。shri-maha-devi中的shri，意思是吉祥、妙德；maha是大；devi是天女。shri-maha-devi合併起來，就是大吉祥天女。另外，仔細看一下歸敬文中的buddha、dharma、samgha、devi等名詞的結尾處都加了ya，它的意思是「向⋯⋯對象」，例如namo buddhaya就是「向」佛陀皈依、歸命、禮敬。

進入咒語核心，呼喚宇宙的能量

傳統漢譯	怛你也他　波利富樓那　遮利三曼陀　達舍尼　摩訶毗訶羅伽帝　三曼陀　毗尼伽帝　摩訶迦利野　波禰　波囉　波禰　薩利嚩栗他　三曼陀　修鉢黎帝　富隸那　阿利那　達摩帝　摩訶毗鼓畢帝　摩訶彌勒帝　婁簸僧祇帝　醯帝徙　僧祇醯帝　三曼陀　阿他阿㝹　婆羅尼
梵音	tadyata om pari-purna care samanta darshane maha vihara gate samanta vidhamane maha karya prati-sthane sarvartha sadhane suprati-puri ayana dharmata maha avikopite maha maitri upa-samhite maha-kleshe su-

samgrhite samantartha anu-palane svaha

建議中音　達底亞塔　嗡　帕里—普拉拿　卡磊　薩滿塔　達日夏餒　瑪哈維哈拉　嘎碟　薩滿塔　維達瑪內　瑪哈　嘎里雅　帕拉地—是塔餒　薩日瓦塔　薩達內　蘇普拉地—普里　阿亞拿　他日馬塔　瑪哈　阿維寇比帖　瑪哈　馬伊得里　烏帕—三希帖　瑪哈—克里謝　蘇—三哥日希帖　薩滿塔塔　阿奴—帕拉內　斯瓦哈

1. 顯現美好的莊嚴狀態，安穩地前往智慧大道　om pari-purna care samanta darshane maha vihara gate samanta vidhamane
2. 成就覺悟道路上的三種成果　maha karya prati-sthane sarvartha sadhane suprati-puri ayana dharmata maha avikopite
3. 呼喚慈悲的力量，全然地攝受於其中　maha maitri upa-samhite maha-kleshe su-samgrhite samantartha anu-palane

▋1. 顯現美好的莊嚴狀態，安穩地前往智慧大道

om pari-purna care samanta darshane maha vihara gate samanta vidhamane（嗡　帕里—普拉拿　卡磊　薩滿塔　達日夏餒　瑪哈　維哈拉　嘎碟　薩滿塔　維達瑪內）

　　（1）om pari-purna care　完成行動，圍繞在普遍而圓滿的狀態
　　（2）samanta darshane　完全照見美好莊嚴的相狀
　　（3）maha vihara gate　前往智慧的大道上，並安住於其中
　　（4）samanta vidhamane　完全地除滅負面的能量

從即說咒曰（tadyata）進入咒語的核心之後，先是om（嗡）咒字，呼喚一股宇宙強大的能量，用來啟動pari-purna care及後面咒字的能量，去祈求大吉祥天女的神聖力量協助眾生達到「普遍圓滿的種種作為」。pari-purna拆解成兩

個字詞，先是pari，讀成「帕里」，意思是圍繞、普遍，也就是「圍繞在一個狀態之中」，或是「沉浸在一個狀態之中」。第二個字是purna，意思是充足的、盛滿的，讀成「普拉拿」。pari-purna兩字合併的意思，就是圍繞在充足、盛滿的狀態，可翻譯成普遍圓滿的狀態。care的意思是行動、作為、活動，ca與re分開念，讀成「卡磊」。所以om pari-purna care等咒字，可以解釋成：呼喚宇宙的能量嗡（om），成功地完成（purna）行動（care），達到普遍而圓滿（pari）的狀態。

當圓滿的作為完成之後，祈請能夠顯現美好的相狀，並清楚明晰地照見這一切，而這些就是透過samanta與darshane兩個咒字來實現。samanta的意思是普遍、周遍、完全，也就是圍繞在一種狀態或完全處在一個狀態之下，讀成「薩滿塔」。darshane，一般譯成「照見」，讀成「達日夏餒」。此外，此咒字還有「顯現」的意思，與「照見」是對應的成組詞語。當「顯現」一個美妙莊嚴的狀態時，也就可以「照見」一個美妙莊嚴的狀態。samanta darshane可以解釋成：完全（samanta）照見美好莊嚴的相狀（darshane）。

maha vihara gate是重要的兩個關鍵咒字，此二字讓大吉祥天女的神聖力量能協助眾生安穩地走在一個求道的路上，平靜地取得智慧，同時也消除了所有阻礙悟道的負面能量。vihara的意思是寺院，也有安住、靜止的意思，讀成「維哈拉」。gate，意思是前往、通達、已經完成，讀成「嘎碟」，前往何處呢？前往彼岸，就是使用gate這個梵字，於是vihara-gate可以解釋成安住在通達的狀態之中，或是說前往智慧的大道上，並安住於其中。接著，再看samanta vidhamane兩字，samanta的意思是完全、普遍的、遍及一切的；vidhamane的意思是破壞、消除負面，讀成「維達瑪內」。所以，samanta vidhamane的意思是完全地除滅負面的能量。

整理前後咒字，整段的意思是：呼喚宇宙的能量嗡（om），成功地完成（purna）作為（care），普遍而圓滿（pari）。完全（samanta）照見美好莊嚴的相狀（darshane）。前往（gate）智慧的大道上（maha），並安住於其中

（vihara），而且完全（samanta）除滅負面的能量（vidhamane）。

2. 成就覺悟道路上的三種成果

maha karya prati-sthane sarvartha sadhane suprati-puri ayana dharmata maha avikopite（瑪哈　嘎里雅　帕拉地-是塔餕　薩日瓦塔　薩達內　蘇普拉地—普里　阿亞拿　他日馬塔　瑪哈　阿維寇比帖）

(1) maha karya prati-sthane　偉大的事業成果，平靜地維持在這個狀態
(2) sarvartha sadhane suprati-puri　成就一切事物的義理，達到極致善美的圓滿狀態
(3) ayana dharmata maha avikopite　靠近法性實相，維持在沒有任何變異的狀態

在《金光明經・卷二・功德天品第八》中，描述大吉祥天女長住在一個充滿光輝與功德的美麗花園，此花園稱為「功德華光」，華就是花的古字。在這花園裡，大吉祥天女誠心地守護這本經，同時協助念誦此咒的人透過《金光明經》來發展自己的心靈意識。每個心靈層次的智慧獲取，就是一種功德，就是一種成就。所以大吉祥天女又稱「功德天女」，意思是協助眾生獲得功德的天女。這個部分的咒語專注於功德的獲取，內容很長，必須有點耐心去分析與拆解。但是，它們擁有一個共同的核心力量，就是完成不同階段的「成就」，每個成就兼具「物質界」與「意識界」的智慧成長。此三種成就是：❶建立偉大的事業成果（maha karya，偉大成果），❷體悟一切事物的意義、道理、價值的成就（sarvartha sadhane，一切義成就），❸靠近法性實相的境態（ayana dharmata，靠近法相）。

karya的意思是事業、作業、作用、成果，讀成「嘎里雅」；prati-sthane的意思是安住、建立、使得完成，讀成「帕拉地—是塔餕」。maha karya prati-sthane的完整解釋是：偉大（maha）的事業成果（karya），平靜地維持在這個狀態，或是安住於其中（prati-sthane）。

sarvartha解釋成一切義、一切意義、一切道理、一切價值，讀成「薩日瓦塔」；sadhane的意思是成就、能力，讀成「薩達內」；而suprati-puri要稍做斷字來解釋。首先是su，善；prati是各個、每個；puri是圓滿、充滿。su與prati兩字合併讀成「蘇普拉地」；suprati-puri合併，有人譯成「究竟具足」、「極善圓滿」，口語化的意思就是每個都能達到善美圓滿的狀態。sarvartha sadhane suprati-puri的大意是：成就（sadhane）一切事物的道理與意義（sarvartha），達到極致（maha）善美的圓滿狀態（suprati-puri）。

ayana讀成「阿雅亞」，意思是接近、靠近；dharmata的意思是法性，也可解釋成實相，讀成「他日馬塔」；avikopite是很特別的梵字，代表不會衰壞的狀態或不會流失的狀態，也就是保持原狀，沒有任何變異，讀成「阿維寇比帖」，也有人延伸成「堅不可摧」的狀態。ayana dharmata maha avikopite四個咒字可以解釋成：靠近（ayana）法性實相，維持在沒有任何變異的狀態中（avikopite），或是維持在堅不可摧的狀態中。我們可以透過下面的表格，清楚地比對這個階段咒語的能量：

成果	維持的狀態
偉大的事業成果（maha karya）	平靜的狀態（prati-sthane）
成就一切事物的道理與意義（sadhane sarvartha）	極致善美的圓滿狀態（maha suprati-puri）
靠近法性實相（ayana dharmata）	沒有任何變異的狀態（maha avikopite）

3. 呼喚慈悲的力量，全然地攝受於其中

maha maitri upa-samhite maha-kleshe su-samgrhite samantartha anu palane svaha
（瑪哈 馬伊得里 烏帕―三希帖 瑪哈―克里謝 蘇―二剛日希帖 薩滿塔塔 阿奴―帕拉內 斯瓦哈）

(1) maha maitri upa-samhite　與偉大的慈悲心相互契合、相互呼應
(2) maha-kleshe su-samgrhite　偉大的光輝，沉浸在善美的攝受中
(3) samantartha anu-palane svaha　護持所有的事業與利益

呼喚著大吉祥天女的慈悲心，透過咒語的力量與祂的意識能量相互契合，完全地相互呼應與結合，maha maitri upa-samhite等咒字就是這種「徹底結合」的呼喚。maitri的意思是慈悲心，讀成「馬伊得里」；upa-samhite的意思是結合、相應、相互契合，讀成「烏帕三希帖」。所以maha maitri upa-samhite等咒字的意思就是：與偉大的慈悲心相互契合、相互呼應。

大吉祥天女閃耀著光輝，虔誠念誦咒語的修行者在心靈上可以完全交付給這位宇宙神聖的意識體，願意全然地接受大吉祥天女的攝受，也就是身心靈全然由祂慈悲地安排與管理，這樣的呼喚過程是透過maha-kleshe su-samgrhite這幾個咒字。maha-kleshe的maha是「大」的意思；而kleshe的意思是光輝、愉悅，讀成「克里謝」；su-samgrhite的su是善美、完美；samgrhite是管理、支配、控制、攝受，讀成「三哥日希帖」。所以，整句意思是：偉大的光輝，沉浸在善美的攝受中。

當我們將心靈意識交付給大吉祥天女的管理與守護之後，呼喚samantartha anu-palane等咒字，繼續祈請天女的智慧能量完全地護持個人的一切事業、價值與意義。samantartha此咒字必須拆解斷字，其中samanta的意思是普遍、周遍，更完整的概念是「完全圍繞在這之中」；artha的意思是事業、利益、意義、道理、目的、價值；anu-palane是護持、守護、保持，讀成「阿奴─帕拉內」。samantartha anu-palane的意思就是：護持所有的事業與利益。

最後，個人的功德在大吉祥天女咒語的協助之下達到圓滿的狀態，當然要好好感念這位宇宙神聖的意識體，跟大吉祥天女好好說聲斯瓦哈（svaha）！

核心神聖意識體：大吉祥天女

人生在世總有世俗物質的理想，也會有心靈意識的崇高追求。追求世俗物質的理想需要人世間的優秀能力和認真努力。而追尋心靈意識的成長，或是「更深層意識」的智慧開展，則需要修持與持咒的協助。

〈大吉祥天女咒〉是個非常特殊的咒語，它同時兼顧「物質世界」（財富）與「精神世界」（智慧）兩種願望的實現。在古印度的神話裡，大吉祥天女象徵生育女神，擁有財富和美麗的女性身形。到了佛教的世界，大吉祥天女一開始是守護北方天界毗沙門天（Vaishravana）的妻子或妹妹，經過演變，最後與財富、美德和學習的特質相互結合，因而有了大吉祥天女、功德天、功德天女等等的稱呼，而功德、財富、美德等這些特質，都顯現在〈大吉祥天女咒〉的咒語中。

整個咒語是一連串的理想心願的實踐，延伸而擴展成不同意識層面的「成就」。咒語核心的第一句，一開始「普遍圓滿」的種種積極作為，到前往智慧的大道上，安住於其中的美好成就，這是人類在物質生活與精神意識並進的雙重祈願。接著，此咒更進一步建立偉大的事業成果，奮力追求卓越，繼而體悟一切事物的意義、道理、價值等等成就。然後，是更為精進的追尋，全心重整心智與淨化意識，努力靠近「法性實相」的進階狀態。整個過程雖然是從財富理想的祈願開始，最後卻是淨化、提升了自己的深層意識，更接近生命本質的究竟真理。

此咒出自於《金光明最勝王經・大吉祥天女增長財物品第十七》，此經在唐代武則天的指示下，由義淨大師翻譯而成。經名上的「增長財物」也透露出念誦此咒的功德，可以使修行者克服物質生活的困難，不僅如此，此咒也能夠引領個人心靈意識的成長。

此咒完整的咒名解釋如下：

金光明最勝王經・大吉祥天女增長財物品第十七

1. **金**：以「黃金」的特質象徵永恆不變，「恆常維持」在一個狀態的境界，代表「法身」的心性。
2. **光**：以「閃亮的光芒」象徵「智慧圓滿具足」的狀態，代表「般若」的心性。
3. **明**：以「明」象徵更高層次的心靈意識，遍照「宇宙法界」的美好境態，代表「解脫」的心性。
4. **最勝王經**：《金光明最勝王經》是唐代義淨大師所譯。這本經共有三本：第一譯《金光明經》；第二譯《合部金光明經》；第三譯《金光明最勝王經》。「最勝」意味著最優秀、勝過一切的經，「王」的意思是此經典乃智慧之王。

咒語單字全解

1. **namo、namah**：皈依。
2. **buddha**：佛陀。
3. **dharma**：法。
4. **samgha**：僧。
5. **shri**：吉祥、光輝。
6. **maha**：大。
7. **devi**：天女，讀成「碟維」。
8. **tadyata**：即說咒曰。
9. **om**：嗡。
10. **pari-purna**：pari的意思是圍繞、普遍，讀成「帕里」；purna的意思是充足，讀成「普拉拿」。pari-purna的意思是圍繞在充足的狀態，也可翻譯為普遍圓滿的狀態。
11. **care**：行動、作為。ca與re分開念，讀成「卡磊」。
12. **samanta**：普遍、周遍、完全，意思是圍繞在一種狀態，讀成「薩滿塔」。
13. **darshane**：照見、顯現，讀成「達日夏餒」。這兩個解釋是相互對應的，因為顯現，才能照見。顯現出什麼？顯現出美妙莊嚴的狀態，所以也可以是照見美妙莊嚴的狀態。
14. **vihara**：寺院或安住。讀成「維哈拉」。寺院是心靈意識純淨的空間，可以讓心識安穩停留，所以延伸成安住，安住在一個狀態之下。
15. **gate**：前往、通達或已經完成，讀成「嘎碟」。延伸成為通往證悟的大道上。

16. **maha-vihara-gate**：偉大安住通達。

17. **karya**：事業、作業、作用、成果。讀成「嘎里雅」。

18. **prati-sthane**：安住、建立、使得完成。讀成「帕拉地—是塔餒」。

19. **sarvartha**：一切義、一切意義、一切道理、一切價值。讀成「薩瓦塔」。

20. **sadhane**：成就、能力，讀成「薩達內」。

21. **suprati-puri**：su的意思是善美，完美。prati-puri的意思是個個都圓滿，個個都充滿，讀成「普拉地普里」。suprati-puri兩字合併，有人譯成「究竟具足，極善圓滿」。

22. **ayana**：接近、靠近，讀成「阿亞拿」。

23. **dharmata**：法性、實相，讀成「他日馬塔」。

24. **avikopite**：不壞、不失，保持原狀沒有變異，讀成「阿維寇比帖」。

25. **maitri**：慈悲心，讀成「馬伊得里」。

26. **upa-samhite**：結合、相應、相互契合，讀成「烏帕—三希帖」。

27. **maha-kleshe**：maha的意思是大；kleshe的意思是光輝、愉悅，讀成「克里謝」。

28. **su-samgrhite**：su的意思是善美、完美；samgrhite的意思是管理、支配、控制、攝受，讀成「三哥日希帖」。

29. **samantartha**：samanta的意思是普遍、周遍，artha的意思是事業、利益、目的、價值。samanta加上後面的artha，兩字共用一個中間的a成為samantartha。

30. **anu-palane**：護持、守護、保持，讀成「阿奴—帕拉內」。

31. **svaha**：吉祥、成就。

大吉祥天女

此咒的核心人物是大吉祥天女。在古印度的神話裡，大吉祥天女象徵生育女神，擁有財富和美麗的女性身形；到了佛教的世界，幾經演變，最後與財富、美德和學習的特質相互結合，同時兼顧「物質世界」（財富）與「精神世界」（智慧）兩種願望的實現。

第 10 咒 大吉祥天女咒

圖解系列 BB1009

圖解十小咒——下載諸佛菩薩的智慧與慈悲（內附十小咒念誦本）

作　　　者	張宏實
企畫主編	顏素慧
責任編輯	于芝峰
執行編輯	曾惠君、莊雪珠、洪禎璐
版面設計	舞陽美術・張淑珍、劉好音
繪　　圖	劉鎮豪
封面設計	小　草

發 行 人	蘇拾平
總 編 輯	于芝峰
副總編輯	田哲榮
業務發行	王綬晨、邱紹溢、劉文雅
出　　版	橡實文化 ACORN Publishing
	新北市231030新店區北新路三段207-3號5樓
	電話：(02) 8913-1005　傳真：(02) 8913-1056
	E-mail信箱：acorn@andbooks.com.tw
	網址：www.acornbooks.com.tw
發　　行	大雁出版基地
	新北市231030新店區北新路三段207-3號5樓
	電話：(02) 8913-1005　傳真：(02) 8913-1056
	讀者服務信箱：andbooks@andbooks.com.tw
	劃撥帳號：19983379　戶名：大雁文化事業股份有限公司

印　　刷	中原造像股份有限公司
初版一刷	2024年12月
定　　價	520元
I S B N	978-626-7441-95-4

版權所有・翻印必究（Printed in Taiwan）
缺頁或破損請寄回更換

國家圖書館出版品預行編目資料

圖解十小咒：下載諸佛菩薩的智慧與慈悲／張宏實著.－初版.－新北市：橡實文化出版：大雁出版基地發行, 2024.12
192面；17×22公分
ISBN 978-626-7441-95-4（平裝）

1.CST：密教部

221.96　　　　　　　　　　　113013984

大吉祥天女

此咒的核心人物是大吉祥天女。在古印度的神話裡，大吉祥天女象徵生育女神，擁有財富和美麗的女性身形；到了佛教的世界，幾經演變，最後與財富、美德和學習的特質相互結合，同時兼顧「物質世界」（財富）與「精神世界」（智慧）兩種願望的實現。

圖解系列 BB1009

圖解十小咒——下載諸佛菩薩的智慧與慈悲（內附十小咒念誦本）

作　　　者	張宏實
企畫主編	顏素慧
責任編輯	于芝峰
執行編輯	曾惠君、莊雪珠、洪禎璐
版面設計	舞陽美術・張淑珍、劉好音
繪　　　圖	劉鎮豪
封面設計	小　草

發 行 人	蘇拾平
總 編 輯	于芝峰
副總編輯	田哲榮
業務發行	王綬晨、邱紹溢、劉文雅
出　　版	橡實文化 ACORN Publishing
	新北市231030新店區北新路三段207-3號5樓
	電話：（02）8913-1005　傳真：（02）8913-1056
	E-mail信箱：acorn@andbooks.com.tw
	網址：www.acornbooks.com.tw
發　　行	大雁出版基地
	新北市231030新店區北新路三段207-3號5樓
	電話：（02）8913-1005　傳真：（02）8913-1056
	讀者服務信箱：andbooks@andbooks.com.tw
	劃撥帳號：19983379　戶名：大雁文化事業股份有限公司

印　　刷	中原造像股份有限公司
初版一刷	2024年12月
定　　價	520元
Ｉ Ｓ Ｂ Ｎ	978-626-7441-95-4

版權所有・翻印必究（Printed in Taiwan）
缺頁或破損請寄回更換

國家圖書館出版品預行編目資料

圖解十小咒：下載諸佛菩薩的智慧與慈悲／張宏實著.－初版.－新北市：橡實文化出版：大雁出版基地發行，2024.12
192面；17×22公分
ISBN 978-626-7441-95-4（平裝）

1.CST：密教部

221.96　　　　　　　　　　　　113013984